O PASSO
A PASSO DO
TRABALHO
CIENTÍFICO

Dados Internacionais de Catalogação na Publicação (CIP)
(Câmara Brasileira do Livro, SP, Brasil)

Lira, Bruno Carneiro
  O passo a passo do trabalho científico / Bruno Carneiro Lira. – 3. ed. revista e atualizada. – Petrópolis, RJ : Vozes, 2025.

  Bibliografia
  ISBN: 978-85-326-4819-8

  1. Metdologia 2. Métodos de estudo 3. Pesquisa 4. Trabalhos científicos I. Título

14-05547   CDD-011.42

Índices para catálogo sistemático:

1. Metodologia da pesquisa   001.42
2. Pesquisa : Metodologia   001.42

Bruno Carneiro Lira, OSB

O PASSO A PASSO DO TRABALHO CIENTÍFICO

3ª Edição revista e atualizada

EDITORA VOZES

Petrópolis

© 2014, 2025, Editora Vozes Ltda.
Rua Frei Luís, 100
25689-900 Petrópolis, RJ
www.vozes.com.br
Brasil

Todos os direitos reservados. Nenhuma parte desta obra poderá ser reproduzida ou transmitida por qualquer forma e/ou quaisquer meios (eletrônico ou mecânico, incluindo fotocópia e gravação) ou arquivada em qualquer sistema ou banco de dados sem permissão escrita da editora.

Conselho Editorial

Diretor
Volney J. Berkenbrock

Editores
Aline dos Santos Carneiro
Edrians Josué Pasini
Marilac Loraine Oleniki
Welder Lancieri Marchini

Conselheiros
Elói Dionísio Piva
Ludovico Garmus
Teobaldo Heidemann
Thiago Alexandre Hayakawa

Secretário executivo
Leonardo A.R.T. dos Santos

Produção editorial

Aline L.R. de Barros
Anna Catharina Miranda
Eric Parrot
Jailson Scota
Marcelo Telles
Mirela de Oliveira
Natália França
Priscilla A.F. Alves
Rafael de Oliveira
Samuel Rezende
Verônica M. Guedes

Editoração: Piero Kanaan
Diagramação: Editora Vozes
Revisão gráfica: Bianca V. Guedes
Capa: Aquarella Comunicação & Marketing

ISBN 978-85-326-4819-8

Este livro foi composto e impresso pela Editora Vozes Ltda.

O homem percorre o tempo à procura das possibilidades, buscando seu idealismo de forma adequada. A pesquisa, por sua vez, torna-se combustível na busca do saber, a medida perfeita para a qualidade de vida. Os nossos horizontes estão abertos à ciência, pois a percepção humana jamais cairá em pânico e o perspectivismo é ferramenta básica de nossas ações.
Ao olhar da margem deste rio onde navegas, procuro por um barco que jamais poderia ter outro nome senão Eficiente.

Rogério Antunes (in mimeo)

Enquanto seres pensantes e motivadores da construção do conhecimento, temos que fortalecer o entendimento sobre a importância da pesquisa científica; pois, como bem sabemos, a verdadeira pesquisa colabora para o crescimento da sociedade. Isso porque uma pessoa que investiga os processos de transformação constrói conhecimentos essenciais para o desenvolvimento de um povo.

Eveline Rossi

A pesquisa é um contributo constante para a melhoria da qualidade de vida da humanidade; por isso mesmo, sua essência é sempre altruísta.

Bruno Lira, osb

Dedico a todos que buscam o progresso científico em suas áreas do saber, como Lucas Leon V. S. Brandão, Felipe Pacheco, Rosanna Laratta, Janaína Galindo, Mônica Batista Souza e Ciro Rocha Actis.

Sumário

Prefácio à terceira edição: Buscar para conhecer..., 9
Introdução, 11
Motivação e ética nas pesquisas: O uso da inteligência artificial, 15

1 – A pesquisa científica: O projeto de pesquisa, 21
    1.1 A pergunta-problema, 23
    1.2 As hipóteses, 24
    1.3 Os objetivos, 25
    1.4 A justificativa, 26
    1.5 A discussão teórica, 27
    1.6 A descrição da metodologia, 29
    1.7 A análise dos dados, 35
    1.8 O cronograma, 40
    1.9 As referências, 42

2 – O resumo e a resenha, 45

3 – O artigo científico, 53
    3.1 Estrutura padrão, 54
    3.2 Formatação do artigo científico, 55

4 – A monografia, a dissertação e a tese, 59

5 – Citações e organização das referências, 63
    5.1 Formatação das citações – NBR 10520/2023, 63
    5.2 Formatação das referências, 66

Considerações finais, 77
Referências, 79
Apêndice, 81

Prefácio à terceira edição
Buscar para conhecer...

Muito nos alegra a terceira edição deste livro, por sua importância para aqueles que se dedicam à investigação científica.

Quando decidimos redigi-lo, pensamos apenas numa maneira simples de deixar registrado os conteúdos de aula, atendendo aos constantes pedidos dos nossos alunos para que fizéssemos uma apostila. Assim, pensamos em trazer um conteúdo prático, esquemático e de fácil entendimento, pois, com a correria do dia a dia, um texto com essa estrutura facilita a aprendizagem daqueles que se iniciam nas investigações científicas, já que um conteúdo redigido de maneira formal se faz fundamental para a vida acadêmica na conclusão dos diversos níveis de titulação universitária; mesmo sabendo que, além do título, o importante é adquirir um saber aprofundado que venha completar, com humildade, as reflexões já existentes nos vários campos de pesquisa.

Portanto, o processo criativo se deu aos poucos, à medida que havia necessidade de ensinar aos nossos orientandos como construir o passo a passo do trabalho acadêmico. Observamos, ainda, que a grande dificuldade continua sendo a delimitação do tema de pesquisa, como também o recorte que deve ser feito tanto no campo em que será elaborado o estudo (coleta de dados) quanto no diálogo que deverá ser estabelecido com os teóricos que darão credibilidade aos eventos registrados, sempre conversando com o ideário do autor.

É necessária uma constante doação para que a construção científica seja feita de modo correto, e não uma mera maquiagem do trabalho acadêmico; inclusive, incorporando contribuições de outros pesquisadores, seja pela citação direta seja pela paráfrase.

Para Hipócrates, há duas coisas verdadeiras e diferentes no que concerne à aquisição do conhecimento: o *saber* e o *crer que se sabe*. A primeira é a ciência verdadeira, já a segunda consigna é a raiz da ignorância, pois se constitui de uma máscara, em que se faz de conta que houve aprendizagem e construção de novos conhecimentos. Por isso mesmo, a utilidade deste nosso livro, que aponta para um trabalho sério de investigação, com a simplicidade que é própria do verdadeiro sábio, o qual acredita que ainda não sabe e, portanto, vive na busca e construção dos conhecimentos que surgem sempre como frutos dos determinados contextos sociais, políticos, religiosos e históricos.

Assim, entregamos aos nossos assíduos leitores esta nova edição e esperamos que completem o texto com suas experiências cognitivas e contextuais, já que essa é a finalidade de tudo aquilo que se escreve para ser publicado.

É nosso desejo instigá-los para a pesquisa a fim de que possamos chegar ao entendimento dos fenômenos que nos cercam e pô-los para o bem dos outros.

Agradecemos a tantos leitores que já deram sentido às nossas linhas, pois foram eles que nos fizeram chegar a esta nova edição. Esperamos, também, conquistar outros que virão, com o intuito de dar continuidade àquilo que pensamos para o momento.

Impulsiona-nos as palavras de Albert Einstein: "Faça as coisas o mais simples que você puder, porém não se restrinja às mais simples". E esse pensamento, tão atual, é a "cara" desta obra!!!

Bruno Carneiro Lira

Introdução

Pensamos em dissertar sobre a pesquisa científica a partir de nossas experiências como professor de método de pesquisa e metodologia do trabalho acadêmico, já por tantos anos em várias faculdades da cidade do Recife. Observa-se a grande dificuldade de nossos alunos, que se iniciam na atividade de pesquisa, em concluir um trabalho que realmente tenha um cunho científico, seja claro, lógico e coeso, contribuindo, assim, de maneira eficaz com o progresso da ciência nas diversas áreas do saber.

Uma primeira preocupação é justamente a aquisição do conhecimento. Sabe-se que primariamente os cinco sentidos são fundamentais para que tenhamos senso da realidade imanente (material, concreta) das coisas. Por isso mesmo, as pesquisas científicas não se preocupam com as questões teológicas, mais relativas à fé. Elas se fundamentam na realidade material e observável.

Sempre se falou dos tipos de conhecimento que as sociedades já obtiveram em suas áreas de reflexão e atuação intelectiva. Vale lembrar, aqui, o que muitos compêndios dessa natureza já trazem: senso comum, conhecimento filosófico, teológico e científico. O senso comum é aquele que se caracteriza pelo popular, ou seja, não é preciso frequentar uma universidade ou mesmo a educação básica para adquiri-lo; basta conviver, pois é o próprio mundo que ensina. Por exemplo, colocar açúcar em feridas estanca o sangue; tomar banho após as refeições poderá causar congestão e levar ao óbito; colocar mão em água fervente sabe-se que se sentirá dor. Quando o aluno chega às universidades para adquirir o conhecimento científico, ele já traz toda essa base de letramento social, o que chamamos de conhecimentos prévios ou compartilhados e que, de certo modo, servirá de suporte para a aprendizagem do referencial científico que tem o seu método próprio. O conhecimento filosófico é aquele que deseja chegar às causas primeiras do mundo real, ou seja, pergunta-se pelo "arqué", o princípio das coisas e dos fatos. Já o conhecimento teológico, por se relacionar com a fé, baseia-se nos dogmas da Igreja Católica, na Bíblia, verdades essas irrefutáveis e imutáveis.

Deteremo-nos no tipo de conhecimento que nos propomos a meditar e a ensinar aos nossos leitores sedentos por serem cientistas, produzindo trabalhos que tenham utilidade para o progresso da ciência.

Vejamos a diferença entre método e estratégia. O método é algo mais fixo e imutável; segue-se à risca o seu passo a passo, enquanto que a estratégia é uma saída de momento, ou seja, deseja solucionar um problema que apareça inesperadamente de maneira lógica e rápida.

A pesquisa, sobretudo nos cursos de pós-graduação, deverá ser sempre algo motivador, que desperte no estudante seu desejo de transformar, de contribuir com sua realidade a partir das determinadas áreas do conhecimento. É com pesar que, ainda, observam-se alunos que compram ou plagiam Trabalhos de Conclusão de Curso (TCC), sejam eles um artigo científico, uma monografia, dissertação ou tese. Diez e Horn (2013, p. 21) fazem a seguinte exposição sobre esse paradoxo existente nos cursos superiores:

> Refletir sobre a pesquisa em uma pós-graduação em educação significa trazer à consciência a própria natureza dessa instância acadêmica. O paradoxo que daí emerge é que essa atividade intelectual é, a um só tempo, o cerne da pós-graduação e também seu nó górdio, porque transformada pelas práticas sociais na condição de inclusão ou exclusão de seus atores em relação à universidade e, de certa forma, a algum mercado profissional mais promissor.

Vemos aí, claramente, que muitos vão para as pós-graduações não pelo desejo de se aprofundar, por meio de pesquisas sérias e originais, sobre determinado assunto para intervirem no seu contexto social, mas estão lá, simplesmente, com o desejo de ascensão social ou mesmo, como os próprios autores afirmam, com a intenção de encontrar "algum mercado profissional mais promissor".

Nosso texto se destina àqueles que, verdadeiramente, desejam fazer pesquisas sérias por meio da aprendizagem e prática do método científico; para tanto, está dividido em cinco capítulos e as considerações finais, precedidos do prefácio, da introdução e de uma reflexão sobre motivação e ética na pesquisa, como também o uso da inteligência artificial (IA).

O primeiro capítulo já trata da própria pesquisa científica, apresentando, de modo detalhado, a construção do projeto de pesquisa como parte fundamental e imprescindível para toda reflexão e trabalhos científicos. Assim, aprofundaremos todas as suas partes com diversas explicações práticas: a pergunta-problema, hipóteses, objetivos, justificativa, discussão teórica, metodologia, análises, cronograma e referências.

Em seguida, passaremos a apresentar alguns modelos de trabalhos científicos com suas especificidades. Portanto, o capítulo segundo tratará do resumo e da resenha; no capítulo seguinte, apresentaremos o artigo científico; já no quarto capítulo, encontraremos como se desenvolve uma monografia para conclusão de cursos de especialização ou MBA, uma dissertação de mestrado e uma tese de doutorado.

Trataremos, ainda, no capítulo 5, da elaboração das citações, como também da sistematização das referências bibliográficas e virtuais, conforme as normas da Associação Brasileira de Normas Técnicas (ABNT). Finalmente, nas nossas considerações finais mostraremos que os objetivos da obra foram atingidos e incentivaremos os leitores a tomarem novas perspectivas ao produzirem seus trabalhos acadêmicos a partir de um método que lhes é próprio. Após as referências bibliográficas, inserimos um apêndice que demonstra a maneira de se apresentar um trabalho científico em eventos acadêmicos a partir de instrumentos das novas tecnologias da informação e da comunicação com a utilização dos recursos multimídia.

Este livro é, portanto, fruto de nossas experiências como professor universitário, pois foi com o dia a dia de nossa prática pedagógica, seja na sala de aula, nos momentos de orientação ou como membro de bancas examinadoras, que construímos suas linhas. Temos toda segurança que aqueles que lerem este compêndio aprenderão a pesquisar, tomarão gosto pela pesquisa e saberão de sua importância para o crescimento e aperfeiçoamento da ciência. Esperamos, caro pesquisador, que este texto possa ser um contributo metodológico e prático para as suas indagações científicas.

Motivação e ética nas pesquisas
O uso da inteligência artificial

O olhar investigativo é próprio daqueles que observam a realidade e começam a tirar conclusões coerentes sobre o objeto e os fatos. O conhecimento científico se dá a partir dessas indagações que buscam relações com o passado, o presente e pensa em um futuro para o bem da qualidade de vida do ser humano, como criações de vacinas, do laser, de remédios; o avanço da televisão e dos aplicativos da internet, que cada vez mais facilitam a convivência. A humanidade sempre progride com a evolução científica e esse saber comprovado é relativamente exato até não se descobrir novas teses e técnicas, opondo-se, assim, aos saberes meramente populares que envolvem crenças culturais, questões transcendentais, conceitos pré-formulados, que habitualmente chamamos de senso comum.

Uma pesquisa, portanto, é um conjunto de ações que visam à descoberta de novos conhecimentos nas diversas áreas do saber, contribuindo assim para o crescimento da ciência e o desenvolvimento social. Isso acontece no âmbito da saúde, da nutrição, da linguagem, das ciências matemáticas, da tecnologia e dos negócios, na descoberta constante da grandeza do universo.

Constitui-se de uma busca perseverante que se ancora no método científico, o qual remonta aos estudos de René Descartes, com a sua dúvida metódica proposta no *Discurso sobre o método*, para comprovar ou não as hipóteses de uma determinada problemática. Para isso, recolhem-se dados nos diversos campos do cotidiano, confronta-os com o que já foi teorizado, criam-se antíteses diante de uma tese já consolidada, para se chegar às novas sínteses. Descartes, ao criar o primeiro modelo sistemático para guiar o raciocínio humano na busca da verdade, defende que o verdadeiro conhecimento só pode ser alcançado com o uso da razão, distinguindo os argumentos necessários para a diferenciação entre verdade, dúvida e erro.

O método científico é um procedimento contínuo e sistemático de investigação que tem por objetivo validar uma dúvida. Ele se compõe de etapas que têm o seu cerne na formulação de perguntas, hipóteses, experimentos, concluindo-se com a comprovação das hipóteses ou a sua refutação, garantindo, assim, a confiabilidade de uma pesquisa.

A pesquisa científica, portanto, é um processo metódico de investigação que recorre a procedimentos determinados com a finalidade de solucionar um problema-base, para produzir resultados relevantes e de interesse social.

Vários autores comungam da ideia de que construir conhecimento é um facilitador para resolver problemas que surgem no cotidiano, respondendo a questões que sempre aumentam a conscientização pública, já que refutam mentiras e se apoiam em fatos perceptíveis.

O mundo inteiro se beneficia com as descobertas científicas, pois lucramos com uma compreensão mais aprofundada das pessoas e suas maneiras de se relacionarem, já que as ações humanas afetam a natureza.

O método científico é importante para o estudo, pois as conclusões são mais confiáveis, livrando-as de todas as subjetividades e da mesmice; os resultados, também, ficam mais autênticos porque partem, além da comprovação no campo, dos teóricos escolhidos para fundamentar as teses. A metodologia da pesquisa dá uma ordenação ao conhecimento, permitindo que o pensamento fique mais organizado, sobretudo no momento da escrita do texto final.

Para este texto, faz-se necessário seguir os padrões da ABNT, a fim de que haja um maior entendimento por parte da comunidade científica e, se houver traduções para outras línguas, garante-se o entendimento dos leitores, visto que essas normas são bem universalizadas.

A utilização das referências corretas é uma forma de enriquecer o conteúdo, pois se torna base para as reflexões pessoais, assim o texto ganha maior credibilidade. Essas normas também ajudam os leitores a encontrar mais facilmente a fonte da citação, favorecendo um maior aprofundamento daqueles que se interessam pelo tema pesquisado.

As novas descobertas científicas aguçam nossa cognição para as habilidades analíticas e os diversos julgamentos que nos impulsionam nas constantes tomadas de decisão que vão favorecendo o progresso da ciência.

Por sua vez, a inteligência artificial (IA) chegou para ficar e, de certo modo, facilitar as pesquisas científicas trazendo à baila, em tempo mínimo, toda uma corrente de teorias e conclusões nos vários campos das especulações. É, portanto, a capacidade das máquinas ou dos sistemas em exibir habilidades e comportamentos de modo semelhante aos humanos, por exemplo, capacidade de reconhecer padrões, raciocinar, tomar decisões... Constitui-se de uma tecnologia revolucionária e útil, devendo ser utilizada de forma ética.

A IA tem se tornado cada vez mais presente no nosso cotidiano e, além de muitas possibilidades e constantes benefícios, trouxe consigo desafios bem significativos para os profissionais da tecnologia e para a sociedade em geral. É de suma importância que se desenvolvam sistemas de forma responsável e adequada, com eficiência e qualidade, mas sem esquecer que eles têm um impacto gigantesco na vida das pessoas e por isso acarretam implicações éticas que devem ser levadas em conta.

A ética na IA se refere a diretrizes e princípios que devem ser seguidos pela sociedade e por profissionais da tecnologia ao desenvolver, implementar e projetar sistemas. Esses princípios garantem os direitos e a privacidade das pessoas, sendo constituídos de maneira responsável, justa, clara, e o seu uso deve ser balizado pela mesma conduta ética da pesquisa.

17

Como sabemos, o ChatGPT é uma ferramenta da IA que simula conversas humanas e é capaz de fornecer respostas a partir de uma grande quantidade de dados. Seu funcionamento acontece pela decodificação de palavras-chave, gerando respostas textuais a partir de uma base de conhecimento atualizada. Tem sido usado para elaboração de artigos, notícias e redações; criar códigos de programações; e, ainda, compor músicas e produzir teses acadêmicas. Seu benefício, portanto, está relacionado a respostas rápidas e precisas com automação de tarefas repetitivas, sempre com eficiência e satisfazendo o desejo dos usuários.

Mas será que a IA rouba dados? Sabemos que não, desde que o conteúdo tenha a devida autorização dos seus autores nos termos de condições apresentados aos usuários que compartilham as informações. É importante salientar que nem todos os dados presentes na internet estão protegidos por direitos autorais, por isso mesmo a ética nos ensina que não se deve roubar essas autorias, mas sempre referenciar a fonte da citação, algo que o ChatGPT parece não estar ainda programado. Como se vê, é uma questão complexa que já vem sendo discutida amplamente e preocupa autores de livros e artistas de vários outros conteúdos que têm suas criações usadas como base de dados e inspiração para modelos de IA sem as devidas autorizações.

Portanto, é fundamental para que a ética aconteça no plano da IA, as constantes avaliações e ajustes, a segurança em todos os sentidos, o respeito à privacidade, uma colaboração mútua entre a inteligência humana e a IA (já que somos nós humanos que, por meio da linguagem, damos sentidos às máquinas), valendo-se sempre da equidade e justiça, da responsabilidade e da transparência.

Vemos que a IA é uma realidade em ascensão na contemporaneidade e traz consigo todas essas questões e problemáticas relativas à ética, no nosso caso, em pesquisa, já que é o interesse deste nosso livro. Devemos, assim, debater e amadurecer as nossas opiniões continuamente. É preciso que os profissionais da IA e aqueles que fazem o seu uso estejam sintonizados com a população e os conceitos éticos na orientação dos seus estudos, e não sejam causadores de prejuízos nos níveis cognitivos ou da afetividade.

O entendimento do que seja a inteligência humana e o que seria um programa de máquina que reproduz o pensamento do homem precisa ser refletido de modo que não haja impasses sociais no futuro.

Antes de concluir, diremos ainda que a IA pode contribuir de várias formas para o processo de ensino-aprendizagem nas escolas e universidades. Podendo, assim, fornecer atividades personalizadas para cada estudante conforme as suas necessidades cognitivas, avaliando o seu progresso e oferecendo orientações específicas para o desenvolvimento. São detectadas dificuldades localizando padrões nos dados de desempenho, permitindo identificar os desafios que aparecem no processo de aquisição do conhecimento. A inteligência artificial também contribui para resumir conteúdos, auxiliando professores na criação de apresentações a fim de dinamizar as aulas.

Como vemos, todos são necessários: professores, estudantes, pesquisadores, e são estes que dão sentido às máquinas. O caminho para o sucesso é a combinação das duas inteligências, a humana e a artificial, com preponderância da primeira, pois é ela quem dá sentido à existência da segunda. Então, temos que estar atentos no que a tecnologia da IA pode fazer para apoiar o ser humano e como este torna essa tecnologia mais eficaz. Portanto, a IA não poderá substituir o ser humano; no entanto, ela vem ajudá-lo na construção do conhecimento com mais profundidade e em um percurso menor de tempo.

Assim, exortamos aos pesquisadores que continuem sendo originais, buscando nos diversos campos de pesquisa aquilo que é novo e o contrapondo com as teorias já existentes, pois sabemos que essa dialética se faz importante para a construção do conhecimento autêntico, ou seja, diante de uma tese, coloca-se uma antítese comprovada em campo para se chegar a novas sínteses. Isso ajuda a permanecermos inovadores, e não meros copistas daquilo que já existe e hoje apresenta-se, com fartura, nos suportes da IA.

Fica claro, portanto, que a maior motivação de uma pesquisa científica é melhorar a qualidade de vida do ser humano em todos os aspectos que lhe constituem como ente (ser) e as diversas ligações com seus *habitats* (territórios), como também as suas relações interpessoais. A ética em pesquisa também é fundamental, uma vez que os excessos de *podcasts*, aplicativos e novos sistemas, como a IA, podem levar o pesquisador e o ser humano em geral a uma preguiça intelectual, prejudicar o progresso científico e atrofiar o desejo pelas novas descobertas, levando, cada vez mais, a humanidade a reproduzir o pensamento e a atitude dos outros.

1
A pesquisa científica
O projeto de pesquisa

Toda pesquisa brota de um planejamento: o projeto de pesquisa. Tal caminho a se percorrer deverá ser tecido como uma rede, por meio de ligações de ideias claras e objetivas.

Essa via deverá passar por pergunta-problema; definição dos objetivos; desenvolvimento da fundamentação teórica; descrição da metodologia (com o tipo de pesquisa, instrumentos de coleta e maneira de categorização, análise e interpretação dos dados); considerações e referências, que serão utilizadas e deverão atender às considerações éticas.

Costa (2012, p. 19-20) nos informa:

> Os objetivos deverão ser redefinidos em função dos aspectos operacionais. O problematizar de uma determinada questão pode ser redirecionado com a compreensão que o fundamento teórico venha a revelar na medida em que é elaborado. O mesmo se pode dizer em relação aos métodos que vão sendo escolhidos em função dos objetivos cujo alcance vai depender dos recursos disponíveis [...].

Como vemos na citação acima, tudo está voltado para os objetivos; estes, por sua vez, tentam dar respostas ao problema de pesquisa.

Deveremos ter muito cuidado quando falamos em tema e título, pois são elementos diferentes. O tema abrange a problemática contextualizada da questão em discussão relativa ao assunto delimitado. O título é somente a forma de apresentar o tema, por isso deverá ser atrativo e convidativo a ponto de motivar o leitor. Para Cajueiro (2012), o tema é invariável quanto à sua apresentação escrita, já o título poderá mudar e ser refeito várias vezes, dependendo das preferências e necessidades do autor.

EXEMPLO: **Tema**: O estudo da língua portuguesa no Ensino Médio nas escolas brasileiras.
Título: Aprender a língua portuguesa: prazer e desafio.

O projeto de pesquisa é composto de três partes que se apresentam do seguinte modo:

Elementos pré-textuais

- Capa (contendo título, instituição, local/data);
- Folha de rosto (com título, instituição, nome do pesquisador e orientador, local/data);
- Dedicatória (opcional);
- Sumário;
- Elementos que ainda podem aparecer (epígrafe, lista de tabelas, lista de quadros, lista de abreviaturas e lista de figuras);
- Resumo;
- Palavras-chave.

Elementos textuais

- Introdução (onde deverá aparecer o problema ou a questão de pesquisa);
- Hipóteses;
- Objetivos (geral e específicos);
- Justificativa;
- Fundamentação teórica;
- Descrição da metodologia;
- Cronograma;
- Considerações finais.

Elementos pós-textuais

- Referências bibliográficas;
- Glossário;
- Apêndices (opcional);
- Anexos (opcional).

Refletiremos, agora, sobre as partes do projeto relativas aos elementos textuais e algumas partes referentes aos elementos pós-textuais.

1.1 A pergunta-problema

Brota da leitura que fazemos da realidade a ser pesquisada. Da resposta à pergunta temos, claramente, aquilo que será investigado. Portanto, a indagação para chegarmos ao problema de pesquisa é sempre: O QUÊ?

O problema surge de um espírito investigativo, aquilo que instiga a dar respostas à realidade questionada, oferecendo soluções ou mesmo uma maior compreensão do fato a ser estudado. A escolha do problema, assim como do tema, surge da experiência do pesquisador em seu ambiente de trabalho ou ainda a partir de suas curiosidades.

É de suma importância observar se o problema poderá ser resolvido por meio do método científico; se ele tem uma relevância social; se os dados que a pesquisa exige poderão ser coletados; se há recursos financeiros e tempo hábil para a execução do projeto.

Para Costa (2012, p. 26, acréscimo nosso):

> [...] [a] pergunta é uma ação que visa encaminhar o alcance de um objetivo. A primeira e mais importante decisão na elaboração de um projeto de pesquisa. Perguntas mal formuladas podem conduzir a sérios desvios metodológicos.

Portanto, antes de se optar por determinada pergunta, deve-se responder se esta é realista e relevante; se está clara e ajuda na delimitação do tema, ou seja, o recorte da realidade que se quer aprofundar. A pergunta-problema também é chamada de questão de pesquisa, constituindo-se do foco de toda a investigação, perpassando por todas as etapas da pesquisa. A função do pesquisador é solucionar a problemática a contento e de todas as formas possíveis. Se isso não acontecer, não houve uma pesquisa bem-sucedida.

Exemplo que nos acompanhará

Tomemos por base um tema: educação. Como vemos, é uma realidade bastante ampla. Teremos, portanto, que delimitar a temática a partir da pergunta-problema:

> Por que os alunos do Ensino Médio de uma escola pública da cidade do Recife não gostam de estudar língua portuguesa e que práticas didáticas poderão ajudá-los?

Com a pergunta-problema temos o tema delimitado, o que vai ser realmente estudado, o espaço e a fonte para a formulação das hipóteses e objetivos de pesquisa.

1.2 As hipóteses

As hipóteses desejam dar a direção a ser seguida. É aquilo que penso encontrar na realidade estudada. São verdades provisórias, ou seja, uma resposta prévia a questões formuladas que poderão ou não ser confirmadas no desenrolar da pesquisa. Conforme Xavier (2010, p. 71):

> Trata-se da proposta de solução para a questão de pesquisa. Por ser uma pequena afirmação (hipo + tese), ela deve ter o formato de suposição, uma resposta não definitiva, já que só depois da execução do projeto é que o pesquisador poderá afirmar com certeza que sua hipótese foi comprovada. O contrário também poderá acontecer, ou seja, sua hipótese poderá não se comprovar e ele deverá ter honestidade científica suficiente para assumir o equívoco da sua hipótese. Esse é um risco que correm todas as pesquisas e seus respectivos proponentes.

Vejamos, agora, exemplos de algumas hipóteses que surgem a partir da questão-problema redigida anteriormente:

> 1. Porque as aulas não são interessantes...;
> 2. Porque os professores são inseguros e sem metodologia...;
> 3. Porque compartilham do mito do senso comum que a língua portuguesa é difícil e que a maioria das pessoas não fala o português...;
> 4. Porque as pessoas pensam que falar português é somente aplicar as normas gramaticais...

Como vimos acima, a hipótese está sempre no campo das possibilidades, e não no uso das certezas. Ela como que antecipa os resultados esperados, mas será uma verdade provisória que poderá ou não ser constatada ao final da pesquisa. É, portanto, um componente importante em um projeto de pesquisa.

1.3 Os objetivos

Os objetivos são construídos na tentativa de solucionar o problema que motivou a pesquisa. Deverão ser elaborados com a questão a ser resolvida bem diante dos olhos. Deseja responder à pergunta: PARA QUE desejo estudar essa temática? Com relação ao exemplo que estamos tomando neste compêndio, eis algumas possibilidades de objetivos. Não esqueça que o objetivo geral é único, pois ele é a meta-base da pesquisa (aquilo que se quer estudar e atingir).

Objetivo geral
Pesquisar os motivos pelos quais os alunos do Ensino Médio em uma escola pública do Recife não gostam de estudar a língua portuguesa, sugerindo práticas didáticas para que se motivem a aprender com prazer a língua materna.

Objetivos específicos
1. Observar os planejamentos dos professores de língua portuguesa e se eles ensinam de maneira ressignificada (com aplicação social);
2. Coletar dos discentes os motivos reais da não motivação em estudar a língua materna;
3. Identificar o que mais desmotiva os alunos tanto na prática didática como também na seleção dos assuntos escolhidos pelo professor;
4. Observar como é feita a avaliação;
5. Sugerir formas atraentes para a aprendizagem de língua portuguesa.

Como se vê no quadro acima, os objetivos específicos são caminhos traçados de maneira lógica e linear que têm por finalidade alcançar o objetivo geral que é a meta da pesquisa. Atenha-se, também, que ao elencar objetivos no projeto de pesquisa, estes deverão iniciar com verbos dinâmicos na sua forma nominal de infinitivo. Exemplos de verbos que poderão iniciar a formulação dos objetivos de pesquisa: *classificar, comparar, investigar, discutir, relatar, elencar, analisar, identificar, descrever, descobrir, avaliar, comparar, quantificar, observar, coletar, pesquisar, apresentar...*

1.4 A justificativa

Para esta parte, a pergunta que devemos fazer é: POR QUE fazer essa pesquisa? Já se vê que o autor do projeto deverá justificar a sua escolha. Aqui deverá ser dito algo sobre a importância (relevância) social do trabalho e sua aplicabilidade na realidade concreta das pessoas.

Tomando o exemplo que vimos perseguindo ao longo deste capítulo, poderemos dizer assim:

> Esta pesquisa justifica-se porque, ao desejar descobrir os verdadeiros motivos que levam os alunos a não gostarem de estudar a língua portuguesa, pretende-se sugerir novas formas pedagógicas para um ensino/aprendizagem mais lúdicos. Os alunos, motivando-se a aprender os usos da língua materna, vão amadurecendo para a competência da leitura e produção de textos em seus diversos tipos e gêneros. Tal aquisição é de grande valia para a sociedade, pois os mesmos discentes aguçarão o espírito crítico e, por meio de suas produções orais e escritas, poderão interferir na transformação social.
>
> Ampliando a capacidade de leitura, os discentes poderão compreender e interpretar com mais facilidade as linguagens verbais e não verbais do seu dia a dia.

Portanto, a justificativa responde, pelo menos, aos seguintes questionamentos:

1. Qual a importância social e política da investigação?
2. O que a sociedade ganhará com a pesquisa?

Independentemente da área do saber em que se localiza o projeto, este deverá convencer os seus leitores da importância de sua realização para a melhoria da qualidade de vida do ser humano.

1.5 A discussão teórica

A fundamentação teórica se dá pelas resenhas feitas pelo autor da pesquisa ao longo de sua preocupação científica. É de suma importância para o projeto, pois oferece maior cientificidade ao trabalho. Essas teorias são propostas daqueles que já desenvolveram pesquisas sobre o assunto do projeto e consagradas pela comunidade científica como pertinentes para a discussão do tema.

O pesquisador, ao tratar do tema que se refere à falta de motivação para o estudo e aprendizagem da língua portuguesa, deverá procurar no mercado bibliográfico fontes seguras que possam fundamentar a sua pesquisa. A leitura de livros e de outros suportes é fundamental para o aprofundamento da temática e para dar sustentáculo científico às análises dos dados colhidos no campo, no caso de uma pesquisa que não seja, exclusivamente, bibliográfica.

Xavier (2010, p. 73) nos diz que:

> Para elaborar a fundamentação teórica, o pesquisador deve: listar um levantamento bibliográfico em bibliotecas reais e virtuais; consultar livros, artigos científicos, pesquisas concluídas, monografias, dissertações e teses finalizadas e bancos de dados de órgãos de fomento[1]; navegar intensamente em websites e vídeos disponíveis na Internet postados por autores dedicados ao assunto; procurar a orientação de um pesquisador mais experiente; elaborar resenhas com sínteses comentadas das teorias sobre o tema mais conhecidas e respeitadas pela comunidade acadêmica.

Como vemos, são muitas as fontes de pesquisa para que se possa realizar uma fundamentação teórica. Faz-se necessário filiar-se ao grupo de autores que compartilham com nossas ideologias a fim de

---

1. A Coordenação de Aperfeiçoamento de Pessoal de Nível Superior (Capes) disponibiliza um serviço de divulgação de dissertações e teses já defendidas e aprovadas, além de obrigar os programas de pós-graduação no Brasil a deixarem acessíveis no Catálogo de Teses e Dissertações da Capes todos os trabalhos produzidos pelos alunos que estudaram no programa.

que se aprofunde ao máximo a nossa maneira de pensar com relação ao tema em tela.

O referencial teórico, portanto, permite identificar os debates atuais e as controvérsias, como também auxilia a esclarecer os aspectos teóricos e de análises. Aquilo que vamos construindo, junto aos pensadores que elegemos, se tornará, um dia, também, fonte teórica para outros pesquisadores.

As citações são feitas a fim de que o texto seja considerado científico, pois tenta comprovar e oferecer embasamento ao tema, servindo de sustentação para novas ideias e, por que não dizer: novas teorias e conceitos?

Observações importantes que cabe lembrar já aqui, mas que serão reforçadas no capítulo 5:

a) Sempre que for citado um órgão oficial do governo, vem em primeiro lugar o nome do país. Ex.: Brasil (assumindo a autoria do texto citado);

b) As citações indiretas são sempre paráfrases, ou seja, se diz com as próprias palavras ideias e conclusões de outros autores, mas além de se colocar o sobrenome deles, deve-se pôr a data de publicação;

c) As citações diretas são aquelas que vêm transcritas do texto-fonte; portanto, se tiverem até três linhas, deverão vir entre aspas com sobrenome do autor, data de publicação e página. Com mais de três linhas, devem aparecer recuadas da margem esquerda para a direita, utilizando-se de fonte menor (10 ou 11) e espaçamento de entrelinhas simples. As supressões devem ser demonstradas utilizando-se de colchetes e reticências no meio do texto: [...]; os comentários, interpolações ou acréscimos que são feitos dentro da citação deverão vir entre colchetes: [ ]. Para dar ênfase ou destaque, poderá ser usado o grifo, o itálico ou ainda a forma negrita; ao final se indica: se o destaque for do autor citado, põe-se: **grifo do autor**; se for do autor do texto da pesquisa, coloca-se: **grifo nosso**;

d) Quando se deseja fazer uma citação de citação, utiliza-se o termo *apud*, que quer dizer "citado por" entre as duas referências. Ex.: Vygotsky (2004) *apud* Lira (2007). Veja bem, o livro de onde está sendo retirada a citação é o de Lira;
e) Para livros, trabalhos científicos e informações provenientes do meio eletrônico (internet, CD, *pen drive*...), é importante indicar a descrição física do meio eletrônico. Ex.: CD-ROM; *site*.

> No caso da pesquisa sobre a falta de motivação para aprender a língua portuguesa e que sugestões serão oferecidas para facilitar a sua aprendizagem, deverá se escolher autores que tratem da educação, da linguagem, da avaliação. Teremos alguns exemplos de autores para fundamentar a pesquisa: Paulo Freire, Luiz Antônio Marcuschi, Magda Soares, Ingedore Villaça Koch, Lívia Suassuna, Cipriano Carlos Luckesi, Mikhail Bakhtin, Michel Foucault, Jussara Hoffmann...

1.6 A descrição da metodologia

Essa parte é de fundamental importância para o andamento do projeto de pesquisa. Aqui, se refletirá sobre os tipos de pesquisa; os sujeitos e campos de estudo; os instrumentos de coleta.

Para iniciar, vejamos os tipos ou níveis de pesquisa:

- **Pesquisa descritiva**: é a mais usual; sua preocupação é descrever um determinado fenômeno ou população, tentando uma interpretação. Tem como principais objetivos: estudar as características de um grupo; levantar as opiniões, crenças e atitudes de uma determinada população, descobrindo associações entre variáveis;
- **Pesquisa documental**: tem como base de referência os documentos oficiais, ou seja, estatutos, regulamentos, atas, arquivos;
- **Pesquisa explicativa**: busca-se esclarecer os fatores que contribuem para que determinados fenômenos aconteçam. Esse tipo de pesquisa aprofunda o conhecimento da realidade, pois visa

explicar a razão e o porquê das coisas. Uma pesquisa explicativa poderá ser a continuação de uma pesquisa descritiva;
- **Pesquisa ação**: aqui, os pesquisadores e participantes estão envolvidos na solução do problema de modo participativo e cooperativo;
- **Pesquisa experimental**: aquela em que o pesquisador manipula muitas variáveis com o objetivo de observar fenômenos. Geralmente são realizadas em laboratórios, tendo um maior controle científico. Conforme Cajueiro (2012), além da manipulação e do controle, a designação dos elementos para participar dos grupos experimentais e de controle deverá ser aleatória. Ainda afirma a autora:

> Deve-se ter cuidado para não haver interferências no processo experimental, de maneira que não venha comprometer a imparcialidade dos resultados da pesquisa; por isso a distribuição aleatória [...]. Neste tipo de pesquisa é criada uma ação, que resulta numa reação, resultados estes que confirmarão ou não a(s) hipótese(s) formulada(s). Em seguida são feitas as observações e anotações descritivas no fenômeno apresentado (Cajueiro, 2012, p. 19).

Não se deve esquecer que, ao analisar e envolver diretamente outros seres vivos (pessoas ou animais), sempre deverá ser enviada uma cópia do projeto de pesquisa ao Comitê de Ética e Pesquisa (CEP), órgão ligado à Comissão Nacional de Ética em Pesquisa (Conep), que avaliará a proposta. "[...] toda pesquisa em andamento no país e que envolve seres humanos deve necessariamente ser submetida à apreciação de comitês de ética em pesquisa" (Cajueiro, 2012, p. 19).

- **Pesquisa exploratória**: quando o fenômeno ainda não foi abundantemente estudado por outros autores e os dados são poucos. Sua finalidade é desenvolver, esclarecer e modificar conceitos e ideias, visando à formulação de problemas mais precisos para estudos posteriores. Como dissemos, é feita especialmente quando o tema é pouco explorado, constituindo-se da primeira etapa de uma investigação mais ampla.

Quanto ao *tempo* de pesquisa, pode-se classificar de duas maneiras:
- **Pesquisa longitudinal**: quando se vai ao campo de estudo várias vezes, ao longo de um intervalo de tempo, para a coleta de dados;
- **Pesquisa transversal**: quando se vai ao campo apenas uma vez ou em uma única sessão se colhe todo o material que será analisado.

Estratégias de pesquisa

a) **Pesquisa bibliográfica**: é aquela que se realiza, apenas, por meio de livros, jornais, revistas, folhetos, informativos, *sites*. Toda pesquisa tem uma realização de cunho bibliográfico, mas esse tipo não busca informação no *campus*;

b) **Pesquisa documental**: difere-se da anterior pela natureza das fontes. Aqui, as fontes principais são: os documentos oficiais, reportagens de jornais, cartas, diários, relatórios de empresa, filmes, contratos etc.;

c) **Pesquisa *ex post facto* (a partir de um fato passado)**: trata-se de uma investigação sistemática e empírica (aquela que se baseia na experiência), na qual o investigador não tem controle direto sobre as variáveis independentes, ou porque já ocorreram ou porque não são mais manipuláveis;

d) **Enquetes/*survey***: visa determinar o quadro geral de uma situação, apoiando-se em dados obtidos de fontes diversas com o auxílio de vários instrumentos. Sempre utilizada para grandes amostras;

e) **Estudo de caso/multicaso**: deseja analisar uma situação em profundidade utilizando um ou mais casos particulares. Essa estratégia não permite usar generalizações, e, se não for bem executada, o resultado pode ser um conjunto de dados que não se consegue, na maioria das vezes, analisar e interpretar.

Três abordagens

1. **Quantitativa**: busca a explicação dos fatos e centra-se em números e tabelas, caracterizando-se, portanto, pelo emprego da quantificação na coleta de informações por meio de técnicas estatísticas (percentual, média, desvio-padrão, coeficiente de correlação, análise de regressão etc.);
2. **Qualitativa**: busca a compreensão dos fenômenos e o modo de interpretá-los, não utilizando instrumentos estatísticos para o processo de análise de um problema de pesquisa. Não pretendendo numerar ou medir as variáveis do problema, mas deseja-se entender, de modo bem mais descritivo, o fenômeno social. A pesquisa qualitativa é sempre descritiva, pois as informações que forem obtidas não são quantificadas necessariamente, mas interpretadas. Nesse ato de interpretar, o autor atribui significados aos fenômenos observados e coletados em campo, apoiando-se em teóricos que já estudaram a temática;
3. **Etnográfica**: mais ligada à pesquisa qualitativa, tem por finalidade descrever os contextos socioeconômicos do campo e dos sujeitos.

Definição da população e da amostra

a) **População**: pode ser definida como um conjunto de elementos que possuem determinadas características;
b) **Amostra**: corresponde a certo número de elementos para averiguar algo sobre a população a que pertencem. É um aspecto da população a ser estudada.

Refletimos de modo particular cada tipo, estratégia e abordagem de pesquisa, apenas para sermos didáticos, mas um estudo poderá ocorrer de maneira híbrida, ou seja, podendo haver a presença de vários tipos de pesquisa.

Os *sujeitos* de pesquisa são a parte da população escolhida para ser observada, da qual serão retirados os dados que darão conta dos objetivos propostos. Por ética, não deverão ser nomeados, mas escolhidos nomes fictícios ou mesmo nomeá-los como: sujeito 1, sujeito 2 etc.

O *campo* de pesquisa deverá ser bem delimitado e justificado como meio para a aquisição dos dados que atendam aos objetivos da pesquisa. É importante que se faça um estudo dos componentes geográfico, político, religioso, social, econômico, entre outros, do referido campo, pois o contexto facilita a compreensão do fenômeno.

Instrumentos de coleta

a) **Questionários** com perguntas previamente estabelecidas, os mais fechados, e aqueles abertos que dão a possibilidade, ao destinatário, de emitir opiniões e julgamentos, com as seguintes consignas: *justifique*; *Por quê?*; *Concorda?...*;

b) **Entrevista** também podendo ser mais direcionada, apesar de que esse instrumento por si só é mais aberto, pois a partir das respostas do entrevistado, o entrevistador vai elaborando suas indagações em construção conjunta. Assim, vai se esgotando o que se queria saber sobre a temática, sempre na perspectiva de responder aos objetivos;

c) **Diário de campo ou diário de bordo**: presta-se muito para uma pesquisa longitudinal, em que se vai várias vezes ao campo. Por isso, faz-se necessário anotar tudo. No caso do exemplo de nossa pesquisa-modelo, é de fundamental importância observar a prática didática do professor de língua portuguesa, como também as reações dos discentes, vendo o que facilita e o que bloqueia a aprendizagem e motivação dos discentes;

d) **Telefones celulares**: para registros fotográficos, gravação de vídeos e áudios em situações de aula, nos momentos que atentam para os objetivos da pesquisa. Podendo, também, serem utilizados em outros contextos dentro do campo de estudo, a escola como um todo e diversos lugares, desde que não se perca o foco daquilo que se busca;

e) **Documentos** são necessários para o aprofundamento diacrônico da temática. No modelo da pesquisa apresentada como protótipo neste compêndio, eles poderão ser: anotações de conselhos de classe anteriores; registros de atitudes dos discentes em aulas de língua portuguesa anteriores; registros de notas e gráficos de aproveitamento que poderão ser estudados na secretaria escolar.

Para Costa e Costa (2012), os tipos de perguntas para questionários ou entrevistas, quando abertas ou fechadas, poderão ter vantagens e desvantagens. As vantagens das questões abertas são: permissão do pensamento livre e de respostas variadas; como desvantagens, temos: dificuldade de organizar e categorizar as respostas, necessitando mais tempo para a análise. Além disso, ainda poderá ocorrer o problema da caligrafia ilegível. Já as vantagens das questões fechadas são: rapidez e facilidade das respostas, facilitando a categorização. A desvantagem é que essas questões não estimulam a originalidade. Para os autores:

> Uma boa prática de coleta de dados, quando se utiliza questionário, é elaborá-lo de forma mista, ou seja, com perguntas abertas e fechadas. A ordem e a quantidade das perguntas são fatores importantes, já que podem afetar o interesse do respondente, afetando dessa forma a qualidade da informação. O envio de questionários via correio ou *e-mail*, embora tenha a vantagem de atingir um grande número de pessoas, possui a desvantagem da baixa taxa de retorno (Costa; Costa, 2012).

Os questionários deverão trazer a proposta da pesquisa com instruções para o seu preenchimento e devolução, inclusive indicando datas para que não dificultem os prazos elencados no cronograma, o qual estudaremos mais adiante. É importante trazer, também, uma palavra de agradecimento aos entrevistados.

Deve-se levar em consideração as variáveis da pesquisa; no caso de entrevistas ou questionários: sexo, idade, nível de escolarização, situação geográfica, classe social, filosofia de vida, profissão, filiação partidária... Pois todas essas vertentes poderão interferir nos resultados da pesquisa, sobretudo se for de cunho etnográfico e qualitativo.

Outros valiosos instrumentos para a coleta de dados, conforme Junior (2013), são os recursos de síntese, como resumo de textos, glossário de termos, esquema de estudos, interpretação de textos e fichamento, devendo tudo ser registrado com coesão e coerência (com sentidos), a fim de que se evite o esquecimento. Ficha-se tanto o que for recolhido em campo de pesquisa como também os teóricos lidos e estudados que irão dialogar com os dados e nossas opiniões no momento de escritura do texto final.

Silva e Silveira (2012), tratando da importância do fichamento, dão boas dicas sobre a maneira de registrar as leituras feitas, inclusive dando exemplos do modo de fazer as fichas com comentários.

É sempre importante anunciar o motivo das escolhas dos tipos de pesquisa, campo, sujeitos, instrumentos de coleta de dados, pois numa pesquisa tudo deverá ser justificado, sem esquecer que terá como objetivo básico a solução do problema de investigação.

> No caso do nosso exemplo de pesquisa, o campo deverá ser uma sala de aula de uma escola pública da cidade do Recife e os sujeitos serão os alunos e o professor de língua portuguesa da turma escolhida.
>
> A pesquisa será do tipo descritiva, bibliográfica, longitudinal e de abordagem qualitativo-etnográfica.
>
> Quanto aos instrumentos de coleta, poderão ser: diário de campo, entrevista, questionário, planejamento do professor, modo de avaliar...

1.7 A análise dos dados

Os dados são todo o material coletado no campo e que ajudarão no cumprimento dos objetivos da pesquisa. Eles são de suma importância para se fazer uma leitura da realidade, a fim de confirmar ou refutar as hipóteses. Esse *corpus* deverá posteriormente ser categorizado antes mesmo das análises. As categorias são aquelas consignas-chave que foram elencadas anteriormente à coleta, no momento da construção dos instrumentos. Para Costa e Costa (2012, p. 53): "Dados são algarismos, palavras, sinais, gestos, silêncios, entre outros, ou suas combinações. Geralmente não possuem significado próprio, apenas quando são contextualizados, ou seja, transformados em informação".

No caso da nossa pesquisa-modelo, os dados seriam:

1. Aquilo que foi anotado no diário de campo, seja com relação ao professor, como também aos alunos;
2. As entrevistas realizadas com o professor e os estudantes;
3. Os questionários que foram para os mesmos destinatários;
4. Fotografias do ambiente escolar, vídeos e áudios das aulas e em outros contextos sociais dos discentes e docentes.

O QUE DEVERÁ SER ANOTADO NO DIÁRIO DE CAMPO:

1. Tudo o que for observado e que facilitará a compreensão da realidade e resposta aos objetivos de pesquisa;
2. Maneira didática de o professor ensinar os assuntos;
3. Metodologia da aula;
4. Recursos utilizados.

MODELO DE QUESTIONÁRIOS
(abertos) (para os estudantes)

1. Por que você não gosta e se desinteressa pelo estudo da língua portuguesa?
2. O que dizem os seus familiares sobre a disciplina de língua portuguesa?
3. Para você, o que é uma redação?
4. Você já disse ou ouviu alguém dizer: "Eu não sei falar português" ou "Português é difícil"?
5. O que você propõe, para as práticas didáticas, como facilitadoras da sua aprendizagem?
6. Você tem o hábito de ler?
7. Qual a importância de ler e escrever bem?

MODELO DE QUESTIONÁRIOS
(abertos) (para o professor de língua portuguesa)

1. Como você arruma o currículo de língua portuguesa para os alunos do primeiro ano do Ensino Médio?
2. Qual motivo leva você a elencar determinados conteúdos?
3. Qual metodologia aplica para ensiná-los?
4. Como planeja as avaliações? Elas se dão ao longo do processo?
5. Quais são os instrumentos avaliativos? Por quê?
6. Você faz exames ou preocupa-se com a avaliação diagnóstica com o objetivo de replanejar?
7. Na sua opinião, por que os estudantes são desmotivados para o estudo da língua portuguesa?
8. Sugira formas didáticas para que os alunos se motivem e aprendam a língua com significado para interagirem com fluência em seus contextos sociais.

A partir dos instrumentos acima e daquilo que foi coletado entre os sujeitos e campo de pesquisa é que se faz a categorização para, a seguir, proceder-se à análise dos dados.

Categorias de análise

Do diário de campo, teremos:

a) **Didática** do professor ao ministrar a sua aula;

b) **Metodologia** da aula (como a divide e otimiza o tempo);

c) **Recursos** utilizados.

Do questionário para os professores, temos:

a) **Currículo** de língua portuguesa;

b) **Escolha** de conteúdos;

c) **Metodologia** de ensino;

d) **Avaliações e tempo** em que são aplicadas;

e) **Instrumentos** de avaliação;

f) Diferenciação entre **exame e o ato de avaliar**;

g) **Motivos da desmotivação** dos estudantes;

h) Formas que **facilitem a aprendizagem** de língua portuguesa.

Do questionário para os alunos, outras categorias:

a) **Motivos do desinteresse** pelo estudo da língua portuguesa;
b) **Conceitos dos familiares** sobre a língua portuguesa;
c) Ideia de **redação**;
d) **Mitos** com relação à língua portuguesa: não gosto ou não sei...;
e) **Hábito** de leitura;
f) **Importância** da leitura e escrita.

Somente depois de termos bem claras essas categorias (conforme elencadas acima e, como vemos, elas brotam dos instrumentos de coleta escolhidos e que, por sua vez, estão intimamente relacionados aos objetivos de pesquisa que se depreendem da problemática em questão) é que se deverá começar a análise e interpretação dos dados.

Mas o que seria essa parte do projeto de pesquisa ou do próprio trabalho científico, seja ele uma monografia, uma dissertação, uma tese ou mesmo um artigo? É justamente o "coração" da pesquisa. Tudo converge para essa parte, pois é ela que dá originalidade ao trabalho e o ineditismo daquilo que foi refletido, sempre para uma aplicação social. No nosso caso, a melhoria das aulas de língua portuguesa e o consequente prazer em estudá-la.

A análise se dá da seguinte maneira: o pesquisador vai tomando categoria por categoria, conforme elencadas anteriormente (o ideal seria dedicar cada parágrafo a uma categoria), e tenta explicar o dado coletado no campo a partir de suas vivências e das opiniões dos teóricos consagrados que já devem ter sido citados no capítulo da discussão teórica; essa "costura" se completa com a opinião do próprio autor(a) da pesquisa. Vejamos um modelo tomando a categoria: *avaliação do questionário dos professores*:

(Simulação)

No que se refere às avaliações, o professor falou que, apesar de realizá-las de maneira contínua e por meio de vários instrumentos, faz-se necessário fazer um exame (prova formal) ao final de cada bimestre, visto ser uma exigência da escola. Esta, portanto, seria uma avaliação institucional que visa, apenas, a nota para ser posta no histórico escolar. O professor, por sua vez, deverá fazer avaliação da aprendizagem, pois, se observar que seu aluno ainda não aprendeu, ele vai replanejar, buscar novos métodos e ensinar até que ele aprenda, já que essa é a sua função social.

Luckesi (2004, p. 1) trata desse assunto longamente ao afirmar que:

> A questão básica é distinguir o que significam as provas e o que significa avaliação. As provas são recursos técnicos vinculados aos exames e não à avaliação. Importa ter-se claro que os exames são pontuais, classificatórios, seletivos, antidemocráticos e autoritários; a avaliação, por outro lado, é não pontual, diagnóstica, inclusiva, democrática e dialógica. Como você pode ver, examinar e avaliar são práticas completamente diferentes. As provas (não confundir prova com questionário, contendo abertas e/ou fechadas; este é um instrumento; provas são para provar, ou seja, classificar e selecionar) traduzem a ideia de exame e não de avaliação. Avaliar significa subsidiar a construção do melhor resultado possível e não pura e simplesmente aprovar ou reprovar alguma coisa. Os exames, através das provas, engessam a aprendizagem; a avaliação a constrói fluidamente.

Como se vê, Luckesi também afirma essa dicotomia que perpassa as práticas didáticas. O importante é avaliar, sempre, com vários instrumentos e replanejar, pois a finalidade docente é a aprendizagem. Talvez seja essa prova que põe pavor aos estudantes, e, se for montada somente em cima de regras, ainda fica mais doloroso, pois, como sabemos, a atual concepção de língua se dá mais em relação aos seus usos (na interação). Portanto, os instrumentos de avaliação deveriam ser montados em forma de textos em seus vários tipos e gêneros, pois são eles que circulam na sociedade, e esta cobra dos seus cidadãos a proficiência no entendimento do que se lê e se escreve.

Quanto ao aspecto do currículo... (*e assim por diante...*).

Vejamos a categoria *conceitos dos familiares*, retirada do questionário dos discentes:

> **(Simulação)**
>
> A respeito dos conceitos familiares das aulas de língua portuguesa, sobretudo no que concerne aos conteúdos programáticos do currículo, como também à avaliação, os pais dos alunos já têm uma ideia preconcebida, pois foram formados pela escola tradicional, em que o ensino da língua era visto de maneira formalista, ou seja, em cima da gramática descritiva-normativa (das análises, classificações e nomenclaturas). Por isso mesmo, exigem dos professores um ensino que leve os seus filhos a reproduzirem os livros didáticos, as gramáticas, os escritos dos docentes, mesmo que eles não aprendam a aplicar os conhecimentos adquiridos na vida.
> *E assim por diante...*

A parte do projeto de pesquisa de análise e interpretação dos dados exige que tudo esteja muito bem amarrado e que as categorias que serão analisadas sejam bem claras; venham como resposta aos objetivos de pesquisa e que tudo seja feito em constante diálogo com os teóricos estudados e as experiências e opiniões lúcidas do pesquisador; sem esquecer que, numa análise de cunho quantitativo, deve-se especificar o tratamento dos dados por meio de tabelas, gráficos e testes estatísticos; já na de caráter qualitativo, deve-se especificar as técnicas que serão utilizadas, como análise documental, análise do conteúdo ou análise interpretativa do discurso diante dos seus conteúdos.

1.8 O cronograma

Nesta parte, o pesquisador deverá organizar o tempo para o cumprimento de cada parte do projeto de pesquisa ou mesmo da concretude do trabalho científico.

Para Xavier (2010, p. 84):

> É muito importante manter o equilíbrio temporal entre as diversas etapas, pois há momentos da pesquisa que são intrinsecamente mais complexos do que outros. A escrita do texto final, por exemplo, é uma das mais dificultosas de todo o processo de investigação. Na maioria das vezes, ela é mais demorada, porque existe um misto de bagagem cultural, experiência na produção de texto e paciência [...].

Portanto, o cronograma é um elemento de suma importância para aquele que vai desenvolver uma pesquisa. Suas datas devem ser cumpridas fielmente, sob pena da não aceitação da pesquisa pela comunidade acadêmica. Por sinal, em casos de mestrado e doutorado há prazos bem definidos para se entregar e defender o trabalho final.

O cronograma se dá da seguinte maneira: em cima, na parte horizontal, deverá aparecer a alusão aos meses do ano conforme o tempo destinado à pesquisa, e na coluna da esquerda as ações que deverão ser tomadas e realizadas até se chegar à redação final, entrega e defesa da pesquisa. Daí a importância do cumprimento dos prazos para que o trabalho seja de qualidade e não ultrapasse o tempo em demasia.

Vejamos um exemplo de *cronograma*:

Ações/meses	Fevereiro	Março	Abril	Maio	Junho	Julho	Agosto
Escolha do campo e sujeitos de pesquisa	■						
Leitura e escrita da fundamentação teórica		■	■				
Coleta de dados			■	■			
Análises e interpretação dos dados					■		
Escrita do trabalho científico e defesa pública						■	■

1.9 As referências

Fazem parte das referências todos os livros, enciclopédias, artigos científicos, jornais de notícias, dicionários, *sites* de internet, periódicos impressos ou digitais que foram veridicamente consultados e estão citados no projeto de pesquisa. As referências deverão aparecer ao final do projeto e antes dos apêndices e anexos, se existirem, pois estes não são obrigatórios. Deve-se ter muita atenção em relação às datas de publicação, afinal devem ser as mesmas que aparecem no corpo do texto.

Posteriormente, no quinto capítulo, iremos mostrar os diversos casos de referência e propor alguns exercícios.

RESUMO

São elementos imprescindíveis para o projeto de pesquisa: dados de identificação, resumo, palavras-chave, tema, problema de pesquisa, justificativa, objetivos, hipóteses, discussão teórica, descrição da metodologia, referências e cronograma. Vale lembrar que todas essas partes estão bem ligadas e nunca serão um adorno, ou seja, cada etapa tem a sua função bem definida. Assim, após ter sido elencado o problema de pesquisa, o objetivo geral é a meta a ser atingida para resolvê-lo; os objetivos específicos são os passos que serão dados para atingir o objetivo geral; os autores escolhidos para a discussão teórica e a metodologia devem estar em função dos objetivos, como também as considerações finais, que são uma forma de prestamento de contas dos objetivos. As referências também não deverão ser esquecidas. Os apêndices e anexos são facultativos, mas deve-se ter clareza da sua diferenciação: os primeiros (apêndices) são documentos, textos, ilustrações, tabelas, gráficos **elaborados pelo autor**; já os anexos **não são produzidos pelo autor** da pesquisa, mas unem-se ao final do trabalho numa tentativa de complementar, ilustrar e, até mesmo, comprovar os resultados.

Esse é o primeiro passo do método científico que, se cumprirmos bem, faremos boas pesquisas e saberemos pô-las em prática para o bem da humanidade, sua finalidade última.

A partir de agora, passaremos a apresentar modelos de trabalhos científicos e começaremos pelo resumo e pela resenha.

EXERCITANDO A MEMÓRIA

1. Quanto ao aspecto formal, quais as três grandes partes de um projeto ou trabalho científico?
2. Como surge o problema de pesquisa e qual a sua importância?
3. Como são elaborados os objetivos de pesquisa?
4. Qual a finalidade da justificativa?
5. Explique a premissa: *a fundamentação teórica oferece maior cientificidade ao trabalho do pesquisador.*
6. Comente os tipos de pesquisa e sua utilização.
7. Disserte sobre os três tipos de abordagem de pesquisa à luz das teses positivistas de Augusto Comte e holísticas de Edgar Morin.
8. Qual a importância do diário de campo e em que abordagem de pesquisa ele mais se adequa?
9. Como se chega às categorias de análises?
10. Por que o cronograma e as referências são indispensáveis em um projeto de pesquisa?

2
O resumo e a resenha

O ato de escrever é essencial para a divulgação das pesquisas e a consequente intervenção na realidade em que se vive. O resumo é um texto científico que veicula as ideias principais de outro texto ou de determinada obra. Por ser um gênero acadêmico, apresenta uma forma própria e fixa de elaboração.

No ato de resumir vamos nos deparar, sempre, com **seleções** e **apagamentos**. Aquilo que é selecionado pelo autor do resumo é o resultado de suas escolhas e interesse. Com um resumo bem elaborado se tem a visão do todo textual em uma escrita mais concisa, abrangente e clara. Portanto, será sempre um *texto-derivado*. Xavier (2010, p. 88) nos informa que:

> Na vida acadêmica, estamos o tempo todo tentando extrair a essência de uma aula, de um texto, de um livro. Na academia o **resumo** é um gênero textual cujo propósito comunicativo é sintetizar as principais ideias expostas pelo autor, por isso **é obrigatório** em Trabalho de Conclusão de Curso (TCC), Monografia de especialização, Artigo científico, Dissertação de Mestrado e Tese de doutorado.

Como se vê, o resumo integra os trabalhos científicos, devendo ser um texto que traga as ideias básicas daquilo que os leitores vão encontrar ao longo da leitura. Mas esse gênero não é só encontrado como parte de um trabalho científico, fruto de uma pesquisa, mas também em resenhas de livros, filmes etc.; nos artigos de jornais; nas sínteses informativas...

Para fins acadêmicos, o resumo deverá apresentar o conteúdo do texto de forma concisa, sem esquecer alguns pontos: os objetivos do trabalho; a ótica do assunto desenvolvido; os métodos utilizados; os teóricos que fundamentaram o texto e os resultados. Em trabalhos acadêmicos, logo após o resumo, vêm as palavras-chave, geralmente quatro ou, no máximo, cinco, que dão uma visão geral do que se vai encontrar, de maneira aprofundada, dentro do texto.

Vale lembrar que o resumo, em trabalhos acadêmicos, tem apenas um parágrafo e fica em caixa de texto; variando um pouco, ou seja, se for um artigo científico, poderá ter somente de quatro a cinco linhas; já para trabalhos de conclusão de curso, poderá ser um pouco maior, mas nunca superior a quinze linhas.

Para resumos de obras, Xavier (2010, p. 89) afirma que antes de se iniciar a síntese do *texto-fonte* deve-se buscar responder a quatro questionamentos:

1. A que gênero pertence?
2. Quem é o autor?
3. Em que veículo foi publicado?
4. Em que ano foi publicada a sua primeira edição?

Quando se sabe qual é o gênero do texto-fonte fica mais fácil para compreender a intenção comunicativa do produtor do texto; como também é de suma importância que se conheça os seus dados biográficos.

Para Xavier (2010, p. 89):

> O veículo influencia o formato do texto e seus leitores pretendidos. Dependendo do suporte, o texto ganha outros contornos, dimensões e novas semioses. Por exemplo, se publicado na Internet, o texto passa a ser um potencial hipertexto, o que significa poder mesclar semioses diversas, além da verbal, como imagens dinâmicas (ícones animados e vídeos) e acoplar sons. De outro lado, se o texto-alvo, o resumo, for escrito para ser publicado no suporte digital, ele também ganha possibilidades de condensação de informações específicas pela condição técnica de inserção de links sobre palavras. Os links, por sua vez, encaminham o leitor para outro hipertexto, sugerindo-lhe, então, um detalhamento da informação. Na Internet, construído hipertextualmente, o resumo assume a dupla função de encapsular informações do texto-alvo e estendê-las.

Como se vê, com o mundo digital os resumos e outros textos que produzimos e colocamos na rede ganham uma abrangência enorme de leitores que, por sua vez, vão produzindo, por meio dessas informações, outros textos.

Conforme já dissemos anteriormente, no ato de resumir fazemos seleções e apagamentos. Tais escolhas brotam de questionamentos-chave que deverão ser feitos, como: De que trata o texto a ser resumido? Quais os argumentos do autor? A partir daqui, são selecionadas as ideias principais que deverão constar no resumo e apagadas aquelas que não são do interesse do resumidor. Com ajuda de **paráfrases**, aquele que resume vai colocando suas próprias palavras, fazendo *generalizações*, ou mesmo algum *acréscimo*, reelaborando por meio de associação de significados as premissas do autor do texto-fonte.

Mas, conforme dito, há aquele resumo que é indispensável em um texto científico. Tomando o exemplo de pesquisa que nos acompanha ao longo desta obra, vamos dar exemplo de um resumo e escolha de palavras-chave para a apresentação de um trabalho acadêmico:

RESUMO

Esta pesquisa trata do ensino-aprendizagem de língua portuguesa em uma turma do Ensino Médio de uma escola pública da cidade do Recife. Tivemos como sujeitos o professor da referida disciplina, os seus estudantes e pais. Como instrumento de coleta de dados foi utilizado o diário de campo, em que se anotou observações referentes à didática do professor, metodologias de aulas e recursos utilizados. Do questionário para os professores, viram-se instrumentos de avaliação, currículo e motivos da desmotivação por parte dos alunos. Dos alunos, indagou-se sobre importância e hábitos de leitura. Concluiu-se que os professores deverão ter uma maior formação com relação à língua como objeto de interação e que os alunos deveriam quebrar os mitos de que a língua portuguesa é difícil e que não sabem falá-la.

Palavras-chave: Ensino. Aprendizagem. Avaliação. Motivação. Língua Portuguesa.

Requisitos do resumo em trabalhos científicos

Como vimos, o resumo é um elemento obrigatório e deverá apresentar:

I – Uma síntese dos aspectos principais que serão abordados no corpo do trabalho. Deverá conter informações suficientes para que o leitor compreenda o trabalho sem precisar lê-lo por inteiro; portanto, um resumo da introdução, da fundamentação teórica, do desenvolvimento e dos resultados.

II – Para a elaboração do resumo, deve-se levar em conta os seguintes elementos, como se pode observar no exemplo acima:

1. Redigi-lo em um único parágrafo, espaçamento simples, sem recuo de parágrafo;
2. Redigi-lo com frases completas, e não com sequência de títulos;
3. Empregar termos geralmente aceitos, e não apenas os de uso particular;
4. Expressar na primeira frase do resumo o assunto tratado, situando-o no tempo e no espaço;
5. Dar preferência ao uso da primeira pessoa do plural ou da terceira pessoa do singular acrescida da partícula "se";
6. Evitar o uso das citações bibliográficas;
7. Pôr em evidência os objetivos, os métodos, os resultados e as considerações finais;
8. O resumo deverá ter, no máximo, 250 palavras;
9. Destacar as palavras-chave, as quais devem figurar logo abaixo do resumo, antecedidas da expressão "Palavras-chave", separadas entre si por ponto e finalizadas também por ponto;
10. Devem-se destacar no mínimo três e no máximo cinco palavras-chave.

Portanto, nas monografias de trabalhos de conclusão de curso (TCC), em dissertações, teses ou artigos de periódicos, o resumo deverá aparecer na língua vernácula e na língua estrangeira, geralmente inglês, espanhol ou francês...

Como já vimos acima, toda **resenha** porta um resumo. Mas, por sua vez, é um texto mais complexo, porque exige uma análise crítica da obra resenhada. O autor, aqui, emite um juízo de valor e indica ou não a obra para apreciação dos outros.

Esse gênero textual circula em ambientes acadêmicos, como também nos blocos de cultura das revistas e dos jornais, em suporte impresso ou mesmo digital.

Toda resenha apresenta uma análise, daí a importância que o resenhista seja um especialista naquele assunto, para que possa emitir um juízo de valor. Analisar é, portanto, ler, examinar com cuidado e, finalmente, dividir o objeto estudado em várias partes, a fim de observar os detalhes e chegar, enfim, a uma ideia do todo por meio da síntese (resumo) para poder indicar ou não a obra. Aqui é importante, também, que se saiba algo sobre o autor (aspectos biográficos e seu estilo de produção).

Para Xavier (2010, p. 98):

> Em geral, uma resenha segue o modelo tradicional de um texto argumentativo. Há somente duas teses a serem defendidas pelo resenhista, que são: recomendar o livro ou reprová-lo. Argumentos em defesa dos posicionamentos contra ou a favor da obra devem ser apresentados para justificar a assunção de uma dessas posições. A estrutura a ser implementada na resenha seguirá a linearidade do raciocínio humano, ou seja, deverá apresentar implícita ou explicitamente as três partes características de um texto argumentativo. A resenha precisa progredir lentamente a fim de permitir que seu leitor acompanhe a discussão e identifique o objetivo do autor e a intenção do resenhista da obra.

Ainda para o mesmo autor, na introdução de uma resenha devem aparecer os seguintes elementos: dados biográficos da autoria, tema e problema central, como também a posição do autor sobre o problema. Já no desenvolvimento devem constar as ideias centrais, argumentos e ideias secundárias. Na conclusão de uma resenha, não podem faltar: juízo de valor das ideias do autor e apreciação da qualidade do texto, como coerência, originalidade, profundidade, clareza e objetividade, a fim de que fique claro para o leitor da resenha se vale a pena deter-se à obra resenhada.

Em resenhas de textos acadêmicos (científicos), deve-se ter o cuidado para usar a linguagem mais denotativa e se ater às teorias e resultados do autor do texto original; já em resenhas de filmes, obras de arte etc., pode-se fazer uso de linguagem mais coloquial, como também da função conotativa. Ambos os modelos devem ser produzidos na variação padrão da língua. Vejamos, agora, um modelo[2] de resenha que se refere a um capítulo de livro sobre a obra de Graciliano Ramos:

MODELO DE RESENHA

BOSI, Alfredo. A escrita do testemunho em *Memórias do cárcere*. *In*: BOSI, Alfredo. *Literatura e resistência*. São Paulo: Companhia das Letras, 2002. p. 221-237.

O capítulo aludido refere-se ao testemunho em *Memórias do Cárcere*, texto de Graciliano Ramos, que trata as memórias de um militante enquanto encarcerado. A sua abordagem é da perspectiva da testemunha, dentro do que foi adotado recentemente no Congresso de Havana.

No texto, o narrador das memórias é analisado não como um revolucionário que discute ideologias do país (segundo o próprio capítulo alude), mas como um indivíduo que, em detrimento a uma interpretação sistematizada e articulada das ideias que o levaram à ruína, apenas observa surpreso as situações. Não há preocupações mais críticas ou que o levem a pormenorizar a questão.

O ensaio de Bosi chama atenção para que, a despeito de coisas negativas que são referidas, o narrador de *Memórias do Cárcere* não transcende o limite da compreensão desses mesmos aspectos negativos, inclusive pelo desinteresse observado quanto ao Partido Comunista. O capítulo 10 grita para o caráter problemático do narrador e o compara com outra obra de Graciliano Ramos, *São Bernardo*. Chama ainda atenção para o fato de que as memórias são mais uma autoanálise que não se usa da percepção apurada e do espírito lúdico para fazer relações, ocorrendo interrupções na possibilidade dessas conexões.

O texto trabalha um subtítulo, denominado: "A crise do preconceito", em que mostra o narrador reelaborando suas opiniões e

---

2. Disponível em: http://centraldasletras.blogspot.com.br/2011/03/modelo-de-resenha-critica.html. Acesso em: 7 nov. 2013.

equívocos gerados pela sua condição e cujos julgamentos, muitas vezes, não são adequados ou se apresentam precipitados. Exemplifica essa crise com o episódio dos dois policiais negros, que ele inicialmente achava que eram a mesma pessoa – e mais refletidamente observa que não – e a reação ao choro do advogado Dr. Nunes Leite. O capítulo cita que tal "testemunha" era um "crítico radical do senso comum que se alimenta de estereotipias".

Outro subtítulo abordado pelo texto é "Escrita e consciência", cuja discussão caracteriza-se por identificar que o narrador das *Memórias* vai além da simples observação despretensiosa ou das intenções de um jornalista ou historiador. A despeito de não se apresentar propenso a modificar aquilo que vivera mesmo dez anos após a sua reclusão. Alfredo Bosi fala numa espécie de "relativização" tanto das próprias versões como das alheias, e a pergunta, como reflexão, persegue as memórias expostas pelo narrador. No ensaio literário, a intenção principal é focar-se no texto de Graciliano Ramos como um testemunho de situação vivida que é contada de forma mais fidedigna possível.

E, se está tratando de memórias, os *limites do sujeito* pontuam que não se pode confundir com a prosa de ficção a escrita do seu testemunho, mostrando que não se verifica no livro de Graciliano uma invenção do que quer que seja por questões estéticas. O ensaio reitera a condição de depoente do narrador de *Memórias do Cárcere* e, por isso, ressalta a "força" e os "limites do sujeito" visto na situação adversa.

Assim, pode-se dizer que a tônica da análise é que a literatura de Graciliano, nas *Memórias do cárcere*, apresenta um cunho menos ideológico e mais realista, sem perder a consciência do que se passa, mas também sem ultrapassar as barreiras daquilo que aconteceu e, nessa trajetória, altos e baixos são visíveis, mas nada que contradiga o sentido próprio de testemunhar, de descrever as lembranças de alguém que se viu num ambiente peculiar e de repercussão considerável em sua vida.

Em suma, o capítulo 10 aqui referido apresenta elementos suficientes para que se consiga conhecer um pouco mais a característica testemunhal da obra de Graciliano, em *Memórias do cárcere*.

Como vemos, o modelo anteriormente apresentado tem todos os elementos necessários que devem aparecer em uma resenha.

Em primeiro lugar, o resenhista apresenta o texto primário com o seu autor, no caso o capítulo 10 do livro *Literatura e resistência*, de Alfredo Bosi. Esse capítulo trata, justamente, do comentário da obra de Graciliano Ramos intitulada *Memórias do cárcere*.

Divide, portanto, a resenha em várias partes com logicidade e vai apresentando as ideias de Bosi e suas argumentações de maneira clara, inclusive apresentando os subtítulos: "a crise do preconceito"; "escrita e consciência"; "limites do sujeito".

A partir do penúltimo parágrafo, o resenhista começa a apresentar o seu juízo de valor quando afirma: "Assim, pode-se dizer que a tônica da análise é que a literatura de Graciliano, nas *Memórias do cárcere*, tem um cunho menos ideológico e mais realista, sem perder [...]".

Finalmente, de maneira implícita, no último parágrafo o resenhista aguça a curiosidade e tenta convencer o leitor para a leitura do capítulo 10 da obra de Bosi, como também para a compra da obra de Graciliano Ramos.

É fazendo as resenhas que o pesquisador vai adquirindo mais conhecimento da temática que estuda e agregando ao seu acervo as teorias necessárias para a progressão de seu trabalho científico, sem esquecer-se de entrar em contato com os autores das fontes resenhadas.

No próximo capítulo, trataremos de outro gênero textual do trabalho acadêmico: o artigo científico.

EXERCITANDO A MEMÓRIA
1. Quais os aspectos fundamentais que deverão constar em um resumo de texto?
2. Quais os requisitos para o resumo em um trabalho científico?
3. Qual a diferença básica entre o resumo e a resenha?
4. Quais as teses argumentativas do modelo de resenha apresentado neste capítulo?

3
O artigo científico

O artigo científico é outro trabalho acadêmico de grande circulação, pois apresenta, de maneira mais rápida, os resultados pesquisados, fazendo com que seus leitores despertem para um maior aprofundamento do tema explanado, além de contar uma boa pontuação para o currículo.

Geralmente, os artigos científicos são divulgados em periódicos especializados, como também em *sites* universitários na internet. Só a partir de sua divulgação nos suportes específicos é que ganhará credibilidade para a comunidade acadêmica da área, pois antes de sua publicação é aprovado por um conselho editorial que o reconhece como um contributo para a investigação científica. Os artigos, na sua forma, seguem o mesmo esquema de um trabalho acadêmico de maior densidade, como monografias, dissertações e teses, ou seja, os passos do projeto de pesquisa devem ser levados em conta, ainda que de maneira mais breve, como também a sua distribuição textual que segue o seguinte esquema: título, autor(es); resumo e *abstract*; palavras-chave; conteúdo (introdução, desenvolvimento e considerações finais); referências. **Um dado importante**: a introdução tem uma função bem definida no trabalho científico, pois é um cartão de visita para o leitor e deve motivá-lo à leitura do texto em sua integralidade; além de conter o problema de pesquisa, a introdução traz a sua justificativa, as hipóteses, os objetivos e a divisão lógica do artigo.

Vejamos, agora, o aspecto mais formal desse gênero textual acadêmico:

3.1 Estrutura padrão

a) Elementos pré-textuais

- Capa (com o nome da instituição, se for o caso; nome do autor; título; local e ano da submissão);
- Folha de rosto (com os mesmos dados da capa, mas nomeando a que se destina e o nome do orientador, se é que houve);
- Dedicatória (opcional);
- Agradecimentos (opcional);
- Epígrafe (opcional);
- Resumo na língua vernácula e estrangeira (geralmente inglês ou espanhol);
- Palavras-chave e keywords;
- Lista de figuras (opcional);
- Lista de tabelas (opcional);
- Lista de abreviaturas e siglas (opcional);
- Lista de símbolos (opcional);
- Sumário.

b) Elementos textuais

- Introdução;
- Método;
- Resultado;
- Discussão;
- Conclusão/Considerações finais.

c) Elementos pós-textuais

- Referências;
- Glossário (opcional);
- Apêndice (opcional);
- Anexo (opcional).

3.2 Formatação do artigo científico

a) Normas gerais

- Tamanho da folha de papel: formato A4 (21 cm x 29, 7 cm);
- Margens: superior 3,0 cm; inferior: 2,0 cm; esquerda: 3,0 cm; direita: 2,0 cm;
- Fonte: Times New Roman ou Arial, tamanho 12;
- Espaçamento entrelinhas: 1,5;
- Espaçamento interno de quadros e tabelas: simples;
- Numeração das páginas: em algarismos arábicos, no canto superior direito da folha. A numeração inicia a partir da primeira folha após a folha de rosto;
- Como já dissemos anteriormente, os capítulos são os seguintes: introdução, método, resultados, discussão e considerações finais;
- O autor, se preferir, poderá apresentar os resultados e a discussão em um único capítulo;
- A numeração dos capítulos e seções deseja estabelecer uma sequência lógica entre os diversos assuntos da dissertação, indicando subordinação e pertinência. Assim, na numeração das seções, os capítulos deverão ser identificados pelos algarismos arábicos, seguidos de ponto-final e do título do capítulo (vale lembrar que não há ponto-final após os números de indicação dos subtítulos/subcapítulos);
- Os títulos e subtítulos (ou seções) deverão ser hierarquizados da seguinte maneira:

1. Negrito 20
1.1 Negrito 18
1.1.1 Negrito 16
1.1.1.1 Negrito 14
1.1.1.1.1 Negrito 12
1.1.1.1.1.1 sem nenhuma formatação, 12

Alguns requisitos ainda necessários a ressaltar:

a) A introdução deverá ter no máximo duas páginas;

b) No método deverá aparecer o tipo de pesquisa que foi realizada; os instrumentos de coleta; como será feita a categorização e uma sucinta análise dos dados. Deverão ser apresentados, apenas, os resultados mais relevantes para a pesquisa daquilo que foi coletado;

c) Para a discussão, devem ser levados em consideração os seguintes requisitos, pois é a parte mais importante da pesquisa:

- Resgatar os seus objetivos;
- Relacionar as informações dos objetivos aos resultados, comparando-os com os de outros autores, outras novas bases teóricas;
- Apresentar a ênfase e a importância social dos resultados encontrados;
- Outros autores deverão ser citados para dar cientificidade ao artigo; estes deverão aparecer no texto com a indicação de sua obra, que, posteriormente, virá apresentada integralmente nas referências;
- As considerações finais devem retomar a questão central da pesquisa e responder à pergunta-problema, como também a seus objetivos, ou seja, deverá ser um prestamento de contas do que foi proposto nos objetivos (metas). Finalmente, apresentam-se as conclusões provenientes da pesquisa e, se necessário, pode-se propor sugestões para futuros estudos.

d) As referências são as indicações dos textos (livros, *sites*, *links*, artigos, manuais etc.) que o autor utilizou em seu artigo. Elas têm uma formatação própria conforme a normatização da ABNT. Veremos essas normas mais detalhadamente no capítulo 5;

e) Como já tratamos ao final do primeiro capítulo, os anexos e apêndices são instrumentos, fotos, projetos, textos, questionários... O anexo é um texto **não** elaborado pelo autor do trabalho científico, portanto, de outrem. Já o apêndice é um texto ou documento **elaborado** pelo autor, por exemplo, as questões das entrevistas ou questionários que foram destinados aos sujeitos da pesquisa, como também sugestões para apresentação oral de um trabalho científico em multimídia;

f) Para a apresentação do artigo em um evento científico, por exemplo, uma comunicação oral, os *slides* deverão obedecer à seguinte ordem:
a) *Slide* 1: Capa (contendo título e autoria);
b) *Slide* 2: Introdução;
c) *Slide* 3: Método;
d) *Slides* 4 a 6: Resultados;
e) *Slides* 7 a 8: Discussão;
f) *Slides* 9 a 10: Considerações finais;
g) *Slide* 11: Principais referências.

Quanto às características mais conceituais do artigo científico e de outros trabalhos acadêmicos, destacam-se a *impessoalidade* e a *objetividade*.

Como já foi dito, para o texto se tornar *impessoal*, deverá ser redigido na terceira pessoa do singular mais a partícula "**se**", por exemplo: verificou-se; pesquisou-se; sugere-se, conclui-se... Ou, ainda, na primeira do plural: verificamos; pesquisamos; sugerimos; concluímos... Mas raramente a primeira pessoa do singular: **eu**.

Para Xavier (2010, p. 111-112):

> Ambas as formas de tratamento são usadas para sugerir ao leitor a existência de um distanciamento do pesquisador para com o objeto pesquisado. O uso da primeira pessoa do singular – **eu** – deixaria o texto muito centralizado nas conclusões pessoais do pesquisador, que, por meio desse pronome, poderia transferir para o trabalho suas impressões pessoais e não uma análise isenta e neutra dos dados. Aliás, muitos acadêmicos que realizam pesquisas em ciências humanas e aplicadas utilizam o pronome em primeira pessoa sem receio. Argumentam que "em toda pesquisa científica há sempre interesse pessoal em jogo", logo não seria o emprego de uma forma pronominal que garantiria a neutralidade da análise e conclusão da investigação. Embora saibamos que a neutralidade é uma ilusão em qualquer esfera da atividade humana, incluindo a esfera acadêmica, é preciso expressar textualmente tal intenção. Quanto menos personalizado for o artigo, mais sensação de credibilidade ele passará ao leitor. Além disso, há momentos na escrita do texto acadêmico que o

emprego da primeira pessoa do plural – **nós** – transforma o leitor num autor virtual das ações e descobertas ali reveladas, o que é bom. Nesse caso, o uso da primeira pessoa do plural funciona como uma estratégia argumentativa para atrair a adesão às teses e argumentos defendidos pelo autor.

Como vemos, o melhor é deixar o texto impessoal, já que a integração entre autor e leitor acontece de maneira mais harmoniosa, pois este último, ao se sentir também um coautor, já se posiciona na busca de novas reflexões para a temática em estudo.

Quanto à *objetividade*, é importante ressaltar que o discurso deverá ser claro e direto. Deve-se, portanto, evitar a ordem indireta das orações, como também o rebuscamento dos termos, pois escrevemos para que o leitor entenda. A opção ideal para a construção das sentenças seria: sujeito + verbo + complemento + advérbios. Por outro lado, é importante que o pesquisador empregue o vocabulário técnico da área em que se vincula a pesquisa. Supõe-se que o pesquisador está escrevendo, sobretudo, para seus pares, que por sua vez já conhecem o que podemos chamar de "jargão profissional". Segundo o autor citado, esses jargões só virão com as leituras constantes de artigos científicos da área, a convivência com outros pesquisadores afins e a constante escrita de artigos científicos.

No capítulo seguinte, trataremos dos trabalhos científicos mais sofisticados, já que são escritos para conclusão de cursos de graduação, mestrado e doutorado, sempre com apresentação a uma comissão julgadora em uma defesa pública: a monografia, a dissertação e a tese, respectivamente.

EXERCITANDO A MEMÓRIA

1. Quais os requisitos a serem seguidos para a produção de um artigo científico?
2. Comente sobre a importância da impessoalidade nos trabalhos científicos, como o artigo.
3. Qual a importância da objetividade nos textos científicos e como, linguisticamente, deverá ser construída?

4
A monografia, a dissertação e a tese

Esses três tipos de trabalhos científicos são de conclusão de curso e seguem o mesmo modelo do projeto de pesquisa e de formatação de artigo já apresentados neste compêndio, com poucas variações. O diferencial está na *originalidade*, na *complexidade* e, de certo modo, no grau de *profundidade* e *tamanho*. Sendo que a **originalidade** e o **ineditismo** é que fazem a diferença.

A *monografia* é um estudo aprofundado de uma questão bem delimitada por meio de análise e reflexão. Uma forma de pesquisa utilizada para conclusão do curso de graduação, com a finalidade da obtenção do título acadêmico de licenciado, bacharel ou mesmo tecnólogo. Também se exige esse trabalho nos cursos *lato sensu*, como é o caso da especialização. Apresenta uma revisão da literatura; poderá ter um levantamento de dados em campo (pesquisa empírica) e ser documental. Quando houver necessidade de defesa pública, por meio da banca examinadora, a monografia deverá ser entregue em, pelo menos, três vias à instituição ou curso. Nesse caso, deverá aparecer como elemento pré-textual a folha com o termo de aprovação.

Já a *dissertação* é um trabalho acadêmico *stricto sensu* que se destina à obtenção do grau de mestre. Os projetos de uma dissertação não precisam obrigatoriamente trazer temáticas inéditas. O orientador é sempre um doutor que trabalha em sintonia com seu orientando, fazendo com que este progrida em suas investigações científicas. Apresenta maior complexidade do que uma monografia, pois além das análises e reflexões exige um posicionamento do autor, ou seja, a apresentação e defesa de uma ideia sobre algum item estudado nas disciplinas do programa de mestrado. Aqui o autor opta por determinada linha de estudo em sua área e procura aprofundá-la com argumentos sólidos e sempre amparados por outros teóricos que comungam de seu mesmo pensamento. Não requer uma originalidade. Quanto à defesa pública, segue-se o que foi dito para a monografia.

A *tese* é também um trabalho acadêmico *stricto sensu* que **implica uma contribuição original e inédita para o conhecimento**; tendo, portanto, um grau superior de complexidade com relação à dissertação. Visa à obtenção do título de doutor. O doutorando deverá defender uma nova descoberta por meio de um exaustivo trabalho de pesquisa. Também é feita sob a orientação de um doutor e, quanto aos elementos da defesa pública, segue-se o que dissemos com relação à monografia, sendo que em uma defesa de doutorado o tempo é mais prolongado, visto que a banca examinadora é composta por um maior número de membros.

A estrutura da monografia, dissertação ou tese segue o que já dissemos com relação ao artigo científico no capítulo anterior, com a diferença que aqui os trabalhos deverão estar encadernados com brochura (lombada) e capa, pois depois da aprovação e dos ajustes necessários irão para o acervo da biblioteca da instituição. Apenas recordando:

\	PARTE EXTERNA
	Capa e lombada
	PARTE INTERNA
Elementos pré-textuais:	1. Folha de rosto; 2. Folha de aprovação; 3. Agradecimento (opcional); 4. Dedicatória (opcional); 5. Epígrafe (opcional); 6. Resumo na língua do texto; 7. Resumo em língua estrangeira (obrigatoriedade para dissertações e teses), com as palavras-chave e keywords; 8. Lista de figuras (se necessário); 9. Lista de tabelas (se necessário); 10. Lista de abreviaturas e siglas (se necessário); 11. Lista de símbolos (se necessário); 12. Sumário.
Elementos textuais:	1. Introdução (com problema, hipóteses, justificativa, objetivos, divisão dos capítulos); 2. Desenvolvimento (podendo ser dividido em capítulos e seções: sem esquecer sua constituição metodológica, a discussão teórica e a análise dos dados); 3. Considerações finais (prestamento de conta dos objetivos, sugestões...).
Elementos pós-textuais:	1. Referências; 2. Glossário (se necessário); 3. Apêndices (se necessário); 4. Anexos (se necessário); 5. Índice (se necessário).

Para Xavier (2010), a *monografia*, a *dissertação* e a *tese* são gêneros acadêmicos bem parecidos, mas que guardam caracteres próximos. Os três se igualam no que se refere às perguntas-chave (2010, p. 118):

- O que foi pesquisado?
- Por que foi pesquisado?
- Para que foi feita a investigação?
- Como foi feita a pesquisa?
- Quando foi?
- Onde?
- Com base em que teoria?
- Que ganhos a pesquisa trouxe às sociedades científica e civil?

A grande diferença entre esses três gêneros textuais acadêmicos é mesmo o grau de complexidade presente em cada um deles. Na monografia esse grau é médio, na dissertação é alto e na tese, muito alto. Sem esquecer que, na tese, a temática, o problema, a abordagem e a conclusão deverão ser totalmente inovadores e, portanto, originais.

A obrigatoriedade da defesa pública é apenas para a dissertação e a tese. No que se refere à monografia, é facultativa. A sessão pública da defesa constitui-se da seguinte "*liturgia*": o presidente da banca, geralmente o orientador, faz a abertura; em seguida, convoca os outros membros da banca: pronunciando seu nome, titulação acadêmica e instituição de onde procede; passa a palavra ao candidato, para que exponha a sua pesquisa; arguição feita por cada membro da banca, sendo que o tempo dos questionamentos é o mesmo oferecido ao candidato para sua resposta, aproximadamente entre 20 a 30 minutos para cada lado; deliberação secreta por parte da banca, que julga a relevância e a organização do trabalho, emitindo um parecer final de aprovação ou reprovação; leitura solene da ata de defesa feita pelo(a) secretário(a) do programa; entrega do certificado contendo a deliberação da banca examinadora e, finalmente, o encerramento da sessão de defesa feita pelo presidente.

No próximo capítulo, aprofundaremos a maneira de se fazer citações e a formatação das referências ao longo do trabalho acadêmico.

EXERCITANDO A MEMÓRIA

1. Quais os aspectos que diferenciam a monografia, a dissertação e a tese do artigo científico?
2. Comente a "liturgia" de uma defesa pública acadêmica.
3. Em que aspectos se igualam a monografia, a dissertação e a tese?

5
Citações e organização das referências[3]

Este capítulo é de suma importância para a formatação do trabalho científico porque, aqui, vamos aprender como são feitas as citações de outros autores, ou seja, como elas aparecem ao longo do corpo do texto e, também, ao final do trabalho.

5.1 Formatação das citações – NBR 10520/2023

- **Citação de citação**: citação direta ou indireta de um texto em que não se teve acesso ao original.
- **Citação direta**: transcrição literal de parte da obra do autor consultado.
- **Citação indireta**: texto baseado na obra do autor consultado.

Regra geral

De forma geral, as chamadas são feitas pelo sobrenome do autor, pela instituição responsável ou pelo título (quando a autoria não é declarada) incluído na sentença, e devem ser feitas com inicial maiúscula e o restante em letras minúsculas. Além disso, devem vir acompanhadas do ano de publicação. Quando as chamadas estiverem entre parênteses, devem ser feitas, também, com letras minúsculas, com a inicial em maiúscula.

---

3. A primeira parte deste capítulo, de certo modo, já foi apresentada no capítulo 1, seção 1.5. Consideramos necessário, para favorecer a aprendizagem, repeti-la aqui, em destaque mais específico.

Ex. 1:
Conforme Lira (2008), a língua se subdivide em cinco aspectos. São eles: fonético/fonológico, morfológico, sintático, semântico e pragmático.

Ex. 2:
A língua se divide em cinco aspectos, que são: fonético/fonológico, morfológico, sintático, semântico e pragmático (Lira, 2008).

Citação de citação[4]

É a citação direta ou indireta de um texto em que não se teve acesso ao original. Nesse caso, emprega-se a expressão latina "*apud*" (que significa: "junto a"), ou o equivalente em português "citado por", para identificar a fonte secundária que foi efetivamente consultada.

Ex. "[…]. O poeta é um fingidor / finge tão completamente / que chega a fingir que é dor / a dor que deveras sente" (Pessoa, *in mimeo*[5] *apud* Lira, 2010, p. 149).

Citação direta

A citação direta ou literal se refere à transcrição textual dos conceitos do autor consultado, ou seja, o texto é transcrito exatamente conforme apresentado no documento utilizado, conservando-se a grafia, a pontuação, o uso de maiúsculas e o idioma. Deve ser especificado no texto páginas, volumes, tomos ou seções da fonte consultada, seguido da data, separada por vírgula e precedida pelo termo que caracteriza de forma abreviada (Ex. v. 10, p. 23, t. 2 etc.).

- As citações com até três linhas são consideradas curtas, devendo figurar no corpo do texto, sendo incorporadas no parágrafo entre aspas duplas. As aspas simples serão utilizadas somente

---

[4]. Seu uso deve ser evitado.
[5]. Mímeo, porque o texto de Fernando Pessoa foi retirado de um material xerocado, portanto sem data e paginação.

para indicar citação no interior da citação, como no exemplo sublinhado a seguir:

> Por outro lado, "a língua se divide em 'cinco aspectos', que são: fonético/fonológico, morfológico, sintático, semântico e pragmático" (Lira, 2008, p. 18), assim os três primeiros...

- As citações diretas com mais de três linhas são consideradas longas e devem figurar em parágrafo próprio, sem aspas, com fonte menor do que o texto, recuo de 4 cm da margem esquerda e espaçamento de entrelinhas simples, como no exemplo a seguir:

Lira (2010, p. 132) diz que a linguística de texto:

> [...] tem como referencial de investigação o próprio texto em todas as suas formas, e o considera como forma específica de manifestação da linguagem. Não se poderá mais separar os textos de seus contextos, daí a importância do conhecimento de tudo que é externo a ele na perspectiva de Foucault, como também daquilo que faz parte de sua superficialidade. Todos esses elementos influenciam no processo de produção, recepção e interpretação. E é nesta perspectiva que propomos as *constantes RECONTEXTUALIZAÇÕES, que encontram sentidos bem mais plenos a partir dos implícitos e subentendidos nos processos de atividade de leitura* [...].

A citação com omissão de parte do texto é aquela que só será figurada a parte que é pertinente ao assunto. Utiliza-se reticências entre colchetes para a supressão contida no texto original, considerada desnecessária. Essa omissão poderá ocorrer em qualquer parte do texto (começo, meio ou fim).

> Ex.: "[...] A *coerência estilística* é aquela que está em adequação aos contextos linguísticos. [...] a *coerência pragmática* tem a ver com o texto visto como uma sequência de atos de fala" (Lira, 2010, p. 139).

Citação indireta

Na citação indireta, o autor tem a liberdade para escrever com as próprias palavras as ideias de outro autor consultado, porém é necessário citar o autor e o ano de publicação da obra, que, por sua vez, é o "dono" da ideia. Não é necessário utilizar as aspas, bastando indicar autoria e entre parênteses o ano da publicação da obra consultada. Para esse caso, a indicação das páginas é opcional.

> Ex.: Segundo Lira (2010), o grande problema é a leitura obrigatória, aquela que é forçada pelo professor com finalidades meramente metalinguísticas e que não chega a dar nenhum prazer para os leitores, já que o trabalho de ler é para cobranças de fichas de leituras estereotipadas, sem aplicação contextualizada, apenas para cumprir a "grade curricular" com a qual nem o professor e nem mesmo o aluno irão saber onde intervir, socialmente, com esse tipo "doloroso" de atividade.

5.2 Formatação das referências

Todas as referências citadas ao longo do texto dos trabalhos científicos deverão ser listadas na seção intitulada: "Referências", conforme formatação a seguir:

Estrutura padrão

Meio físico

a) LIVRO (1 AUTOR)

SOBRENOME, Nome. **Título**. Edição. Local: Editora, ano da publicação.

Ex.: LIRA, Bruno Carneiro. **Práticas pedagógicas para o século XXI**: A sociointeração digital e o humanismo ético. Petrópolis: Vozes, 2016.

b) LIVRO (2 AUTORES)

SOBRENOME, Nome; SOBRENOME, Nome. **Título**. Edição. Local: Editora, ano da publicação.

DELEUZE, Gilles; GUATTARI, Félix. **O que é a filosofia?** 3. ed. São Paulo: Editora 34, 2010.

c) TRABALHO DE CONCLUSÃO DE CURSO, DISSERTAÇÃO OU TESE

SOBRENOME, Nome. **Título**. Ano de depósito. Total de páginas. Trabalho de Conclusão de Curso, Dissertação ou Tese

(Área de Formação) – Instituto ou Centro de Formação, Nome da Universidade, Cidade, ano de apresentação ou defesa.

Ex.: ZIMMERMANN, Ivoneide Maria de Melo. **História de vida e construção da identidade docente de professores universitários leigos**. 2023. 134 f. Tese (Doutorado em Educação) – Centro de Educação, Universidade Federal de Pernambuco, Recife, 2023.

d) FOLHETO

IBICT – INSTITUTO BRASILEIRO DE INFORMAÇÃO EM CIÊNCIA E TECNOLOGIA. **Manual de normas de editoração do IBICT**. 2. ed. Brasília, DF: IBICT, 1993, 41 p.

e) DICIONÁRIO

Ex.: **Dicionário Escolar da Língua Portuguesa**. Barueri: Ciranda Cultural, 2022.

f) GUIA

Ex.: COMPANHIA AMBIENTAL DO ESTADO DE SÃO PAULO. **Guia nacional de coleta de preservação de amostras**: água, sedimento, comunidades aquáticas e efluentes líquidas. São Paulo: CETESB, 2011. 327 p.

g) MANUAL

Ex.: APA – AMERICAN PSYCHIATRIC ASSOCIATION. **Manual Diagnóstico e Estatístico de Transtornos Mentais - DSM-5-TR**. Porto Alegre: Artmed, 2023.

h) CATÁLOGO

Ex.: MUSEU DA IMIGRAÇÃO. Museu da Imigração. São Paulo: Museu da Imigração, 1997. 16 p.

i) ALMANAQUE

Ex.: PASINI, Edrian Josué. **Almanaque Santo Antônio**. Petrópolis: Vozes, 2024.

j) PARTE DE COLETÂNEA OU CAPÍTULO DE LIVRO (MESMO FORMATO DOS ITENS (a) E (b) DESTE BLOCO)

Ex.: BRANDÃO, Lucas Leon Vieira de Serpa. Como construir um objeto e uma metodologia diante da técnica de coleta de dados por meio da entrevista e da análise do discurso? *In*: CARDOSO, Fernando da Silva; ALMEIDA NETO, Antônio Lopes de. (org.). **Manual preparatório para seleções de mestrado e doutorado**: um guia metodológico destinado às Ciências Humanas e Sociais Aplicadas. São Paulo: Pimenta Cultural, 2023.

k) COLEÇÃO DE REVISTA

Ex.: REVISTA BRASILEIRA DE EDUCAÇÃO. Rio de Janeiro: ANPED, 1996- . ISSN 1413-2478. Trimestral.

Meio eletrônico

a) ENCICLOPÉDIA

NOME DO VERBETE. *In*: NOME DE ENCICLOPÉDIA. Disponível em: link de endereço. Acesso em: data.

Ex.: KAPLAN. In: ENCICLOPÉDIA ITAÚ CULTURAL. Disponível em: https://enciclopedia.itaucultural.org.br/pessoa9826/kaplan. Acesso em: 23 abr. 2023.

b) PARTE DE MONOGRAFIA

Ex.: INCA – INSTITUTO NACIONAL DO CÂNCER. Estômago. *In*: INCA – INSTITUTO NACIONAL DO CÂNCER. **Tipos de câncer**. Brasília, DF: INCA, 2022. Disponível em: https://www.gov.br/inca/pt-br/assuntos/cancer/tipos/estomago. Acesso em: 12 mar. 2022.

c) ARTIGO DE REVISTA

Ex.: REVISTA PLANETA. Morar em andares mais altos acelera o envelhecimento, indica estudo. **Revista Planeta**, São Paulo, 25 set. 2024. Curiosidades. Disponível em: https://revistaplaneta.com.br/morar-em-andares-mais-altos-acelera-o-envelhecimento-indica-estudo/. Acesso em: 28 set. 2024.

d) ARTIGO DE REVISTA OU JORNAL CIENTÍFICO

Ex.: BRANDÃO, Lucas Leon Vieira de Serpa; CARDOSO, Fernando da Silva. O contato, a troca e a experiência na pesquisa em educação: cartografia e escrita agonística como métodos possíveis. **EDUCERE - Revista da Educação da UNIPAR**, [s. l.], v. 23, n. 3, p. 1097-1110, 2023. DOI: https://doi.org/10.25110/educere.v23i3.2023-005

e) IMAGEM

Ex.: Lookstudio. Foto grátis jovem bela estudante navegando na internet em um laptop em busca de novas informações na biblioteca. 2017. 1 fotografia. 900 x 600 pixels. Disponível em: https://bit.ly/43hlZXF. Acesso em: 29 set. 2022.

f) TRABALHO PUBLICADO EM ANAIS DE CONGRESSO

Ex.: BRANDÃO, Lucas Leon Vieira de Serpa; SILVA, Tarcia Regina da. Entre o capital cultural e o capital econômico: qual o papel atribuído à educação formal em um bairro periférico do Recife-PE? *In*: CONEDU - CONEDU EM CASA, 7., 2021, Campina Grande. **Anais** [...]. Campina Grande: Realize, 2021. Disponível em: https://editorarealize.com.br/artigo/visualizar/81410. Acesso em: 2 ago. 2024.

g) VÍDEOS

Ex.: SOBRENOME, Nome do autor do vídeo (ou nome do canal). Título do vídeo. YouTube, data da publicação. Disponível em: link do vídeo. Acesso em: data que o vídeo foi acessado.

FRONTEIRAS DO PENSAMENTO. Edgar Morin – A complexidade do eu. YouTube. 4 ago. 2014. 1 vídeo (3 min). Disponível em: https://www.youtube.com/watch?v=ExOqRgBKDKA. Acesso em: 12 dez. 2023.

h) PODCAST

Ex.: TÍTULO: Subtítulo. [Locução de]: Nome do Locutor. Local: Publicadora, dia, mês e ano de publicação. Podcast. Disponível em: link do podcast. Acesso em: data em que acessou o podcast.

#69. A Invenção do Nordeste, com Durval Muniz. [Locução de]: Luan Alencar e Carol Aninha. Entrevistado: Durval Muniz de Albuquerque Júnior. [S. *l.*]: Budejo, dez. 2020. *Podcast*. Disponível em: https://open.spotify.com/episode/1qqOQb2FdqmjNiezYPCyXN?si=d112bb3b17494c07. Acesso em: 16 nov. 2023.

Ainda relativo às citações

Para além desses casos, poderemos ter uma citação subsequente da mesma obra. Para evitar a dupla citação, usamos as expressões latinas: *idem* ou *id.* (forma abreviada), que significa "mesmo autor"; ou *opus citatum* ou *op. cit.*, que quer dizer: "obra citada". Usa-se, ainda, cf. para dizer: "confira". Vale ressaltar que esses usos estão restritos às notas de rodapé, isto é, não podem ser usados no corpo do texto. Além disso, expressões latinas costumam ser usadas em sistemas numéricos de chamada.

As **notas de rodapé** são observações adicionais que têm o objetivo de esclarecer alguns detalhes que não ficariam bem no corpo do texto. Podendo ser notas de referências ou notas explicativas feitas pelo autor, tradutor ou editor do texto.

A expressão **tradução nossa** é empregada quando o autor do texto traduz trecho citado em língua estrangeira, assumindo, assim, toda a responsabilidade pela virtude ou defeito da tradução.

Quando se cita parte de livros, capítulos ou trabalhos acadêmicos, os elementos essenciais são: autor(es), título da parte citada, seguido da expressão latina "*In*" (dentro de/em), seguida da referência completa de todo o documento-fonte; como no exemplo (f) para citações localizadas em meios eletrônicos. É interessante colocar as páginas da parte citada.

Na organização das referências ao final do trabalho, caso haja uma sequência de obras de um mesmo autor, repete-se quantas vezes necessário o mesmo sobrenome e o nome completo. Além disso, caso conste um referido autor com duas ou mais publicações em um mesmo ano, acrescenta-se uma letra minúscula logo após o ano de publicação, seguindo a ordem alfabética. Ex.:

1. LIRA, Bruno Carneiro. **A celebração da Santa Missa**: subsídio litúrgico pastoral. Petrópolis: Vozes, 2013a.
2. LIRA, Bruno Carneiro. **O Batismo**: sepultados em Cristo, com Ele ressurgidos. Recife: Liceu, 2013b.

Ao citar obras com mais de uma edição, esta deverá ser indicada logo após o título ou subtítulo, se for o caso.

Ex.: SILVA, José Maria da; SILVEIRA, Emerson Sena da. **Apresentação de trabalhos acadêmicos**: normas e técnicas. 7. ed. Petrópolis: Vozes, 2012.

Quando não se consegue visualizar o local nem a data de publicação, coloca-se [s. l.] ou s.d., respectivamente. E quando não se identifica a editora, coloca-se [s. n.] = *sine nomine*.

Os eventos também deverão ser citados da seguinte maneira: nome do evento (em maiúsculo), numeração (se houver) seguida de ponto-final e vírgula, ano e cidade (local de realização). Segue-se com o tipo de evento (atas, apresentação em *slides*, anais etc.) e, finalmente, como de costume: local da publicação, editora e data.

EX.: CONGRESSO INTERNACIONAL DE TECNOLOGIA NA EDUCAÇÃO, 8., Olinda (PE). **Apresentação** [...]. *In mimeo* (xerocado; sem outros detalhes de publicação).

Resumindo, nos trabalhos acadêmicos tudo que não for do próprio autor do texto deverá ser referenciado (citado), pois, assim, o texto fica mais científico e ganha maior credibilidade junto à comunidade acadêmica.

Paginação e ilustrações

A respeito da paginação que figura sempre na parte superior à direita, Cajueiro (2012, p. 81) nos informa que:

> [...] as folhas ou páginas pré-textuais devem ser contadas, com exceção da capa, mas não numeradas. Para trabalhos digitados ou datilografados somente no anverso, todas as folhas, a partir da folha de rosto, devem ser contadas sequen-

cialmente, considerando somente o anverso. A numeração deve figurar a partir da primeira folha da parte textual, em algarismos arábicos.

Quanto a ilustrações, a mesma autora (2012 p. 83-84) nos diz:

> Qualquer que seja o tipo de ilustração, sua identificação aparece na parte superior, precedida da palavra designativa (desenho, esquema, fluxograma, fotografia, gráfico, mapa, organograma, planta, quadro, retrato, figura, imagem, entre outros), seguida de seu número de ordem de ocorrência no texto, em algarismos arábicos, travessão e do respectivo título. Após a ilustração, na parte inferior, indicar a fonte consultada (elemento obrigatório, mesmo que seja produção do próprio autor), legenda, notas e outras informações necessárias à sua compreensão (se houver). A ilustração deve ser citada no texto e inserida o mais próximo possível do trecho a que se refere.

Assim, vemos com clareza o rigor do trabalho científico. Tudo isso para que o texto seja compreendido, em sua plenitude, pelos leitores e, particularmente, por aqueles que ainda iniciam suas atividades/pesquisas.

EXERCÍCIOS

A partir dos dados a seguir, formate as referências conforme as normas para o trabalho científico apresentadas neste capítulo.

1. Obra: A língua de Eulália – novela sociolinguística.
  <u>Editora</u>: Contexto.
  <u>Local</u>: São Paulo.
  <u>Edição</u>: 11.
  <u>Ano</u>: 2001.
  <u>Autor</u>: Marcos Bagno.

_____

_____

2. Obra: Preconceito linguístico – o que é, como se faz.

Editora: Loyola.
Local: São Paulo.
Edição: 20.
Ano: 2003.
Autor: Marcos Bagno.

---

3. **Obra:** Os significados do letramento – uma nova perspectiva sobre a prática social da escrita.
Autora da obra: Ângela Kleiman.
Título do capítulo: Variações linguísticas e atividades de letramento em sala de aula.
Autor do capítulo: Maurício Bortoni.
Editora: Mercado de Letras.
Local: Campinas.
Edição: 3.
Ano: 2001.
Páginas: 119-144.

---

4. **Obra:** Linguagem, escrita e poder.
Editora: Martins Fontes.
Local: São Paulo.
Edição: 4.
Ano: 1998.
Autor: Maurizzio Gnerre.

---

5. **Título do capítulo:** Sobre a aquisição da escrita – algumas questões.

<u>Autora do capítulo</u>: Cláudia de Lemos.
<u>Obra</u>: Alfabetização e letramento.
<u>Autora da obra</u>: R. Rojo.
<u>Editora</u>: Mercado de Letras.
<u>Local</u>: Campinas.
<u>Ano</u>: 1998.

---

6. Obra: MEC. Programa Brasil Alfabetizado.
<u>Ano</u>: 2003.
<u>Site</u>: http://www.mec.gov.br/alfabetiza/default.htm.
<u>Data do acesso</u>: 18.03.2004.

---

7. Obra: Sociolinguística – os níveis da fala.
<u>Editora</u>: Edusp.
<u>Local</u>: São Paulo.
<u>Ano</u>: 2000.
<u>Autor</u>: Dino Preti.

---

8. Obra: Leitura e recontextualização – o discurso multicultural.
<u>Editora</u>: Paulinas.
<u>Local</u>: São Paulo.
<u>Ano</u>: 2010.
<u>Autor</u>: Bruno C. Lira.

9. Obra: Manual para a elaboração de trabalhos acadêmicos.
   Subtítulo: Guia prático do estudante.
   Local: Petrópolis – Rio de Janeiro.
   Data: 2012.
   Editora: Vozes.
   Autora: Roberta Liana Pimentel Cajueiro.

_____

_____

10. Autores: José Maria da Silva e Emerson Sena da Silveira.
   Local: Petrópolis – Rio de Janeiro.
   Título: Apresentação de trabalhos acadêmicos.
   Subtítulo: Normas e técnicas.
   Edição: 7.
   Data: 2012.
   Editora: Vozes.

_____

_____

Com essa atividade, concluímos este capítulo sobre as citações e a organização das referências em trabalhos científicos, passando, agora, para as nossas considerações finais.

Considerações finais

Chegamos ao termo de nossa obra que desejou apresentar ao leitor a gênese dos estudos científicos, das primeiras especulações até o aparecimento das universidades no mundo e sua chegada ao Brasil, como também as influências de algumas correntes teóricas para a construção do conhecimento. Aprofundamos, ainda, todas as partes para a realização de uma pesquisa e a maneira desta ser apresentada em um trabalho científico conforme as normas acadêmicas.

Para sermos didáticos, ao final de cada capítulo, colocamos um quadro intitulado *Exercitando a memória*, na tentativa de fazer com que os leitores fixassem os aspectos centrais de nossa exposição a partir de uma retomada dos assuntos tratados.

Ao final do último capítulo, que trata das citações e da organização das referências, sugerimos um exercício bem prático a fim de que se possam memorizar as normas acadêmicas, no que se refere à organização das referências, ao final do trabalho científico. Procuramos exemplos desde os mais simples até aqueles mais complexos, como citações de capítulos e referências provenientes do mundo digital.

Esperamos que todos aqueles que tiverem acesso a essas nossas linhas passem a amar cada vez mais a ciência e a sua realização por meio dos trabalhos científicos, pois ela sempre está a serviço do homem. Por isso mesmo que todas as descobertas científicas e as novas reflexões em torno de determinado objeto devem se fazer conhecidas por meio do gênero próprio dos trabalhos acadêmicos que seguem, com precisão, um método tanto em sua construção conceitual como em suas variadas formas de circulação na academia.

Com a reflexão inicial sobre a motivação para a pesquisa e o surgimento da inteligência artificial (IA), trouxemos a importância da ética para os estudos científicos, tão necessária, sobretudo, quando trabalhamos com nossos pares humanos e nos valemos das suas reflexões em um processo de costura acadêmica, sempre respeitando a diversidade das autorias.

Assim, desejamos que este compêndio possa auxiliar o pesquisador que inicia sua graduação e, provavelmente, galgará os degraus universitários para maiores aprofundamentos que exigem, sempre, a produção e a defesa de um trabalho científico. Eis, portanto, o seu passo a passo; agora é sermos originais, aprofundar as reflexões e construir o conhecimento para o bem da humanidade.

Referências

CAJUEIRO, Roberta Liana Pimentel. **Manual para a elaboração de trabalhos acadêmicos**: guia prático do estudante. Petrópolis: Vozes, 2012.

COSTA, Marco Antônio da; COSTA, Maria de Fátima Barrozo da. **Projeto de pesquisa**: entenda e faça. 3. ed. Petrópolis: Vozes, 2012.

DIEZ, Carmen Lúcia Fornari; HORN, Geraldo Balduíno. **Orientações para elaboração de projetos e monografias**. 3. ed. Petrópolis: Vozes, 2013.

DURKHEIM, Émile. **Historia de la educación y de las doctrinas pedagógicas**: la evolución pedagógica en Francia. Material digital disponível em CD entregue no Seminário "La Universidade como Organización". [*S. l.*]: s.d.

LIRA, Bruno Carneiro. **Leitura e recontextualização**: o discurso multicultural. São Paulo: Paulinas, 2010.

LUCKESI, Cipriano. **Considerações gerais sobre avaliação no cotidiano escolar**. [Entrevista] publicada em IP – Impressão Pedagógica. Curitiba: Expoente, 2004.

MARTINS JUNIOR, Joaquim. **Como escrever trabalhos de conclusão de curso**: instruções para planejar e montar, desenvolver, concluir, redigir e apresentar trabalhos monográficos e artigos. 7. ed. Petrópolis: Vozes, 2013.

MINAYO, Maria Cecília de Souza. **Pesquisa social**: teoria, método e criatividade. 32. ed. Petrópolis: Vozes, 2012.

MORIN, Edgar. **Os sete saberes necessários à educação no futuro**. 2. ed. São Paulo: Cortez, 2018.

SILVA, José Maria da; SILVEIRA, Emerson Sena da. **Apresentação de trabalhos acadêmicos**: normas e técnicas. 7. ed. Petrópolis: Vozes, 2012.

XAVIER, Antônio Carlos. **Como fazer e apresentar trabalhos científicos em eventos acadêmicos**. Recife: Respel, 2010.

Apêndice

Modelo de apresentação em eventos acadêmicos

OBJETIVOS

- Objetivo geral: a meta a ser alcançada; aonde eu quero chegar...

- Objetivos específicos: são decorrentes do objetivo geral; são os passos que pretendo percorrer para atingi-lo.

Lembrete: os objetivos sempre vêm com o verbo inicial no infinitivo.

JUSTIFICATIVA

Mostra-se, rapidamente, a relevância e a importância social da pesquisa.

HIPÓTESES

Neste *slide*, devem aparecer as afirmações provisórias que levaram você a desenvolver sua pesquisa.
Essas hipóteses serão verificadas ou refutadas durante a pesquisa.

FUNDAMENTAÇÃO TEÓRICA

Agora é o momento de apresentar os principais autores que fundamentaram sua pesquisa e as teses que esses autores desenvolvem.

Descrição da metodologia

Neste *slide*, é importante colocar, de maneira esquemática:

- o campo de pesquisa
- os sujeitos da pesquisa
- o tipo de pesquisa
- os instrumentos de coleta

Análise dos dados

Mostra-se as categorias escolhidas para análise que respondem às indagações colocadas nos objetivos.
É aqui que devem ser apresentados os dados obtidos no campo.

DISCUSSÃO DOS RESULTADOS

Discute-se os resultados obtidos durante a pesquisa, sempre recorrendo à fundamentação oferecida pelos autores apresentados na fundamentação teórica.

CONSIDERAÇÕES FINAIS

o Prestação de contas dos objetivos. Eles foram atingidos? Como e por quê?
o É possível sugerir soluções para o problema?

Algumas dicas

Ainda quanto à apresentação visual e oral do trabalho:

1. Apresentar esquemas e evitar textos longos;
2. As frases deverão ser objetivas e claras;
3. Utilizar parágrafos curtos e, se necessário, transcrever alguma citação (não se esquecendo de pôr a chamada do autor, seguida de data e página);
4. O número de *slides* deverá variar entre dois ou vinte, se possuir tabelas. Não se esqueça de que, geralmente, as apresentações em defesas públicas devem durar entre vinte e vinte e cinco minutos;
5. Pode-se utilizar o apontador a *laser*, como também um projetor de *slides*;
6. A fala deverá ser audível para todos os participantes e os vocábulos deverão ser bem pronunciados. Aqui também são importantes os aspectos suprassegmentais (entonação, altura...) da língua e os seus elementos paralinguísticos (gestos);
7. Muito importante: clareza, concisão e, ainda, ao final da apresentação, deixar bem claro que deu conta dos objetivos apresentados no início, por meio da demonstração de seus resultados.

Conecte-se conosco:

f facebook.com/editoravozes

⊙ @editoravozes

X @editora_vozes

▶ youtube.com/editoravozes

© +55 24 2233-9033

www.vozes.com.br

Conheça nossas lojas:
www.livrariavozes.com.br

Belo Horizonte – Brasília – Campinas – Cuiabá – Curitiba
Fortaleza – Juiz de Fora – Petrópolis – Recife – São Paulo

  Vozes de Bolso

EDITORA VOZES LTDA.
Rua Frei Luís, 100 – Centro – Cep 25689-900 – Petrópolis, RJ
Tel.: (24) 2233-9000 – E-mail: vendas@vozes.com.br